SOR JUANA INÉS DE LA CRUZ

LOS EMPEÑOS DE UNA CASA

leonor/autobiographical
elements
ana

BARCELONA **2012**
WWW.LINKGUA-DIGITAL.COM

CRÉDITOS

Título original: Los empeños de una casa.

© 2012, Red ediciones S.L.

e-mail: info@red-ediciones.com

Diseño de cubierta: Mario Eskenazi S.L.

ISBN rústica: 978-84-9816-337-7.
ISBN ebook: 978-84-9953-313-1.
ISBN cartoné: 978-84-9953-779-5.

El diseño de este libro se inspira en *Die neue Typographie*, de Jan Tschichold, que ha marcado un hito en la edición moderna.

SUMARIO

PRESENTACIÓN

La vida
Sor Juana Inés de la Cruz (1651-1695). México.

Juana Inés de Asbaje y Ramírez de Santillana, nació en 12 de noviembre de 1651 en San Miguel de Nepantla, Amecameca. Era hija de padre vasco y madre mexicana.

Empezó a escribir a los ocho de edad una loa al Santísimo Sacramento. Aprendió latín en veinte lecciones, que le dictó el bachiller Martín de Olivas. A los dieciséis años ingresó en el Convento de Santa Teresa la Antigua y posteriormente en el de San Jerónimo.

En plena madurez literaria, criticó un sermón del padre Vieyra. Ello provocó que el obispo de Puebla, Manuel Fernández de Santa Cruz le escribiera exigiéndole que abandonase la literatura y se dedicase por entero a la religión. Sor Juana se defendió en una epístola autobiográfica, en la que proclamó los derechos de la mujer. No obstante, obedeció y renunció a su enorme su biblioteca, sus útiles científicos y sus instrumentos musicales. Murió el 17 de abril de 1695.

Capa y espada
Comedia de capa y espada, en cuya representación participó la misma autora dejando atónitas a su compañeras de claustro. Esta obra narra la historia de dos hermanos, don Pedro y doña Ana, que viven juntos en Toledo. Ambos están enamorados y deberán pasar por una serie de equívocos y enredos antes de seducir a sus amados por medio de estratagemas. El argumento, propio del siglo XVII en que fue escrita la obra, tiene un inesperado final en que se unen lo real y lo alegórico.

comedia de enredos

good for intro

PERSONAJES

El Acaso
El Mérito
La Dicha
La Diligencia
La Fortuna
Música

calderon - famous playwright who wrote comedia de capa y
espada
'los empeños de un acaso' - una casa - emphasise
feminine space - takes place in the Arellano household

- premiered in 1683 first performed in Mexico City in the
house of mexicocity tax collector

- araico : Sor Juana exponentially intensifies, the
cloak and dagger intrigue for which calderón
remained the acknowledged master
- traditional 'loa' precedes a comedy and she would
often use them to celebrate important women
- SJ would have been expected as a nun to adopt the
'vida' as based on the model by sta Teresa of Avila ->
does allow some subversiveness but it is introspective
by design
- in this play, SJ makes it clear that a woman is suited to
other social + cultural roles than the ones she currently
occupies + she demonstrates this by testing and
transgressing + transforming the skewed, conventional
and spa spatial boundaries on stage

8

INTRODUCCIÓN

(Sale la Música.)

Música

Para celebrar cuál es
de las dichas la mayor,
a la ingeniosa palestra
convoca a todos mi voz.
¡Venid al pregón:
atención, silencio, atención, atención!
Siendo el asunto, a quién puede
atribuírse mejor,
si al gusto de la Fineza,
o del Mérito al sudor,
¡venid todos, venid, venid al pregón
de la más ingeniosa, lucida cuestión!
¡Atención, silencio, atención, atención!

(Salen el Mérito y la Diligencia, por un lado; y por otro la Fortuna y el Acaso.)

Mérito

Yo vengo al pregón; mas juzgo
que es superflua la cuestión.

Fortuna

Yo, que tanta razón llevo,
a vencer, no a lidiar voy.

Acaso

Yo no vengo a disputar
lo que puedo darme yo.

Música

¡Venid todos, venid, venid al pregón
de la más ingeniosa, lucida cuestión!
¡Atención, silencio, atención, atención!

Mérito

Sonoro acento que llamas;

line bock to Calderón

9

pause tu canora voz.
Pues si el asunto es, cuál sea
de las dichas la mayor,
y a quién debe atribuírse
después su consecución,
punto que determinado
por la natural razón
está ya, y aun sentenciado
—como se debe— a favor
del Mérito, ¿para qué
es ponerlo en opinión?

Diligencia   Bien has dicho. Y pues lo eres
tú, y yo parte tuya soy,
que la Diligencia siempre
al Mérito acompañó;
pues aunque Mérito seas,
si no te acompaño yo,
llegas hasta merecer,
pero hasta conseguir, no
—que Mérito a quien, de omiso,
la Diligencia faltó,
se queda con el afán,
y no alcanza el galardón—;
pero supuesto que agora
estamos juntos los dos,
pues el Mérito eres tú
y la Diligencia yo,
no hay que temer competencias
de Fortuna.

Fortuna   ¿Cómo no,
pues vosotros estrechar
queréis mi jurisdicción;

	mayormente cuando traigo al Acaso en mi favor?
Mérito	¿Pues al Mérito hacer puede la Fortuna, oposición?
Fortuna	Sí; pues ¿cuándo la Fortuna al Mérito no venció?
Diligencia	Cuando al Mérito le asiste la Diligencia.
Acaso	¡Qué error! Pues a impedir un Acaso, ¿qué Diligencia bastó?
Diligencia	Muchas veces hemos visto que puede la prevención quitar el daño al Acaso.
Acaso	Si se hace regulación, las más veces llega cuando ya el Acaso sucedió.
Mérito	Fortuna, llevar no puedo, que quiera tu sinrazón quitarme a mí de la Dicha la corona y el blasón. Ven acá. ¿Quién eres para oponerte a mi valor, más que una deidad mentida que la indignación formó? Pues cuando en mi tribunal los privo de todo honor,

se van a ti los indignos
en grado de apelación.
¿Eres tú más que un efugio
del interés y el favor,
y una razón que se da
por obrar la sinrazón?
¿No eres tú del desconcierto
un mal regido reloj,
que si quiere da las veinte
al tiempo de dar las dos?
¿No eres tú de tus alumnos
la más fatal destrucción,
pues al que ayer levantaste
intentas derribar hoy?
¿Eres más...?

Fortuna   ¡Mérito, calla;
pues tu vana presunción,
en ser discurso se queda,
sin pasar a oposición!
¿De qué te sirve injuriarme,
si cuando está tu furor
envidiando mis venturas,
las estoy gozando yo?
Si sabes que, en cualquier premio
en que eres mi opositor,
te quedas tú con la queja
y yo con la posesión,
¿de qué sirve la porfía?
¿No te estuviera mejor
el rendirme vasallaje
que el tenerme emulación?
Discurre por los ejemplos
pasados. ¿Qué oposición

me has hecho, en que decir puedas
que has salido vencedor?
En la destrucción de Persia,
donde asistí, ¿qué importó
tener Darío el derecho,
si ayudé a Alejandro yo?
Y cuando quise después
desdeñar al Macedón,
¿le defendió de mis iras
el ser del mundo señor?
Cuando se exaltó en el trono
Tamorlán con mi favor,
¿no hice una cerviz real
grada del pie de un pastor?
Cuando quise hacer a César
en Farsalia vencedor,
¿de qué le sirvió a Pompeyo
el estudio y la razón?
Y el más hermoso prodigio,
la más cabal perfección
a que el Mérito no alcanza,
a un Acaso se rindió.
¿Quién le dio el hilo a Teseo?
¿Quién a Troya destruyó?
¿Quién dio las armas a Ulises,
aunque Ayax las mereció?
¿No soy de la paz y guerra
el árbitro superior,
pues de mi voluntad sola
pende su distribución?

Diligencia   No os canséis en argüir;
pues la voz que nos llamó,
de oráculo servirá,

	dando a nuestra confusión
	luz.
Acaso	Sí, que no Acaso fue
	el repetir el pregón:
Música	¡Atención, atención, silencio, atención!
Mérito	Voz, que llamas importuna
	a tantas, sin distinguir;
	¿a quién se ha de atribuir
	aquesta ventura?
Música	A una.
Fortuna	¿De cuáles, si son opuestas?
Música	De éstas.
Diligencia	¿Cuál? Pues hay en el teatro...
Música	Cuatro.
Acaso	Sí, ¡mas a qué fin rebozas?
Música	Cosas.
Fortuna	Aunque escuchamos medrosas,
	hallo que van pronunciando
	los ecos que va formando:
Música	A una de estas cuatro cosas.
Mérito	¿Mas quién tendrá sin desdicha...?

Música	La Dicha.
Fortuna	Si miro que para quien...
Música	Es bien.
Mérito	¿A quién es bien que por suya...?
Música	Se atribuya.
Diligencia	Pues de fuerza ha de ser tuya; que juntando el dulce acento, dice que al Merecimiento...
Música	La Dicha es bien se atribuya.
Acaso	¿Se dará, sin embarazo...?
Música	Al Acaso.
Acaso	¿Y qué pondrá en consecuencia?
Música	Diligencia.
Acaso	Sí; mas ¿cuál es fundamento?
Música	Merecimiento.
Acaso	Y lo logrará oportuna..
Música	Fortuna.
Acaso	Bien se ve que sólo es una

	pero da la preeminencia...

Música

Al Acaso, Diligencia,
Merecimiento y Fortuna.

Mérito

Atribuirlo a un tiempo a todas,
no es posible; pues confusas
sus cláusulas con las nuestras
confunden lo que articulan.
Vamos juntando los ecos
que responden a cada una,
para formar un sentido
de tantas partes difusas.

Fortuna

Bien has dicho, pues así
se penetrará su oscura
inteligencia.

Acaso

Con eso
podrá ser que se construya
su recóndito sentido.

Diligencia

Pues digamos todas juntas
con la Música, ayudando
las cláusulas que pronuncia.

(Cantan todos.)

Todos

«A una de estas cuatro cosas
la Dicha es bien se atribuya:
al Acaso, Diligencia,
Merecimiento y Fortuna.»

Mérito

Nada responde, supuesto

que ha respondido que a una
se le debe atribuir,
con que en pie deja la duda;
pues no determina cuál.

Fortuna   Sin duda, que se reduzca
a los argumentos quiere.

Acaso   Sin duda, que se refunda
en el Acaso, es su intento.

Diligencia   Sin duda, que se atribuya.
pretende a la Diligencia.

Mérito   ¡Oh qué vanas conjeturas,
siendo el Mérito primero.

Fortuna   Si no lo pruebas, se duda.

Mérito   Bien puede uno ser dichoso
sin tener Merecimiento;
pero este mismo contento
le sirve de afán penoso;
pues siempre está receloso
del defecto que padece,
y el gusto le desvanece,
sin alcanzarlo jamás.
Luego no es dichoso, más
de aquél que serlo merece.

Música   ¡Que para ser del todo
feliz, no basta
el tener la ventura,
sino el gozarla!

Fortuna	Tu razón no satisfaga;
	pues antes, de ella se infiere
	que la que el Mérito adquiere
	no es ventura, sino paga.
	Y antes, el deleite estraga,
	pues como ya se antevía,
	no es novedad la alegría.
	Luego, en sentir riguroso,
	sólo se llama dichoso
	el que no lo merecía.
Música	¡Que para ser del todo
	grande una dicha,
	no ha de ser esperada
	sino improvisa!
Acaso	Del Acaso, una sentencia
	dice que se debe hacer
	mucho caso, pues el ser
	pende de la contingencia.
	Y aun lo prueba la evidencia,
	pues no se puede dar paso
	sin que intervenga el Acaso;
	y no hacer de él caso, fuera
	grave error; pues en cualquiera
	caso, hace el Acaso al caso.
Música	¡Porque ordinariamente,
	son las venturas
	más hijas del Acaso
	que de la industria!
Diligencia	Este sentir se condena;

pues que es más ventura, es llano,
labrarla uno de su mano,
que esperarla de la ajena.
Pues no podrán darle pena
riesgos de la contingencia,
y aun en la común sentencia
se tiene por más segura;
pues dice que es la ventura
hija de la Diligencia.

Música   ¡Y así, el temor no tiene
de perder dichas,
el que, si se le pierden,
sabe adquirirlas!

Mérito   Aunque, a la primera vista,
cada uno —al parecer—
tiene razón, es engaño;
pues de la Dicha el laurel
sólo al Mérito le toca,
pues premio a sus sudor es.

Música   ¡No es!

Mérito   ¡Sí es!

Diligencia   No es, sino con digno premio
de la Diligencia; pues
si allá se pide de gracia,
aquí como deuda es.

Música   ¡No es!

Diligencia   ¡Sí es!

Acaso	No es tal; porque si el Acaso su causa eficiente es, claro está que será mía, pues soy yo quien la engendré.
Música	¡No es!
Acaso	¡Sí es!
Mérito	Baste ya, que esta cuestión se ha reducido a porfía; y pues todo se vocea y nada se determina, mejor es mudar de intento.
Fortuna	¿Cómo?
Mérito	Invocando a la Dicha; que, pues la que hoy viene a casa se tiene por más divina que humana, como deidad sabrá decir, de sí misma, a cuál de nosotros cuatro debe ser atribuida.
Fortuna	Yo cederé mi derecho, sólo con que ella lo diga. Mas ¿cómo hemos de invocarla, o adónde está?
Diligencia	En las delicias de los Elíseos, adonde sólo es segura la Dicha.

Mas ¿cómo hemos de invocarla?

Acaso   Mezclando, con la armonía
de los Coros, nuestras voces.

Diligencia   Pues empezad sus festivas
invocaciones, mezclando
el respeto a la caricia.

(Cantan y representan.)

Mérito   ¡Oh Reina del Elíseo coronada!

Fortuna   ¡Oh Emperatriz de todos adorada!

Diligencia   ¡Común anhelo de las intenciones!

Acaso   ¡Causa final de todas las acciones!

Mérito   ¡Riqueza, sin quien pobre es la riqueza!

Fortuna   ¡Belleza, sin quien fea es la belleza!

Mérito   Sin quien Amor no logra sus dulzuras.

Fortuna   Sin quien Poder no logra sus alturas.

Diligencia   Sin quien el mayor bien en mal se vuelve.

Acaso   Con quien el mal en bienes ser resuelve

Mérito   ¡Tú, que donde tú asistes no hay desdicha!

Fortuna   En fin, ¡tú, Dicha!

| Acaso | ¡Dicha! |

| Diligencia | ¡Dicha! |

| Mérito | ¡Dicha! |

Todos   ¡Ven, ven a nuestras voces;
porque tú misma
sólo, descifrar puedes
de ti el enigma!

(Dentro suena un clarín.)

Música   ¡Albricias, albricias!

Todos   ¿De qué las pedís?

Música   De que ya benigna
a la invocación
se muestra la Dicha.
¡Albricias, albricias!

(Córrense dos cortinas, y aparece la Dicha, con corona y cetro.)

Mérito   ¡Oh, qué divino semblante!

Fortuna   ¡Qué beldad tan peregrina!

Diligencia   ¡Qué gracia tan milagrosa!

Acaso   ¿Pues cuándo no fue la Dicha
hermosa?

Mérito	Todas los son;
	mas ninguna hay que compita
	con aquésta. Pero atiende
	a ver lo que determina.
Dicha	Ya que, llamada, vengo
	a informar de mí misma,
	y a ser de vuestro pleito
	el árbitro común que lo decida;
	y pues es la cuestión,
	a quién mejor, la Dicha,
	por razones que alegan,
	de los cuatro, ser debe atribuida;
	el Mérito me alega
	tenerme merecida,
	como que equivalieran
	a mi valor sagrado sus fatigas;
	la Diligencia alega
	que en buscarme me obliga,
	como que humana huella
	pudiera penetrar sagradas cimas;
	la Fortuna, más ciega,
	de serlo se acredita,
	pues quiere en lo sagrado
	tener jurisdicciones electivas;
	y el Acaso, sin juicio
	pretende, o con malicia,
	el que la Providencia
	por un acaso se gobierne y rija.
	Y para responderos
	con orden, es precisa
	diligencia, advertiros
	que no soy yo de las vulgares dichas;
	que ésas, la Diligencia

es bien que las consiga,
que el Mérito las gane,
que el Acaso o Fortuna las elijan;
    mas yo mido, sagrada,
distancias tan altivas,
que a mi elevado solio
no llegan impresiones peregrinas.
    Y ser yo de Fortuna
dádiva, es cosa indigna;
que de tan ciegas manos
no son alhajas dádivas divinas.
    Del Mérito, tampoco;
que sagradas caricias
pueden ser alcanzadas,
pero nunca ser pueden merecidas.
    Pues soy —mas con razón
temo no ser creída,
que ventura tan grande
aun la dudan los ojos que la miran—
    la venida dichosa
de la Excelsa María
y del Invicto Cerda,
que eternos duren y dichosos vivan.
    Ved si a Dicha tan grande
como gozáis podría
Diligencia ni Acaso,
Mérito ni Fortuna, conseguirla.
    Y así, pues pretendéis
a alguno atribuirla,
sólo atribuirse debe
tanta ventura a Su Grandeza misma,
    y al José generoso
que, sucesión florida,
a multiplicar crece

los triunfos de su real progenie invicta.
    Y pues ya conocéis
que, a tan sagrada Dicha,
ni volar la esperanza,
ni conocerla pudo la noticia,
    al agradecimiento
los júbilos se sigan,
que si no es recompensa,
de gratitud al menos se acredita.

Mérito   Bien dice; celebremos
la gloriosa venida
de una dicha tan grande
que en tres se multiplica.

    Y alegres digamos
a su hermosa vista:
¡Bien venida sea
tan sagrada Dicha,
que la Dicha siempre
es muy bien venida!

Música   ¡Bien venida sea;
sea bien venida!

Fortuna   Bien venida sea
la Excelsa María,
diosa de la Europa,
deidad de las Indias.

Acaso   Bien venido sea
el Cerda, que pisa
la cerviz ufana
de América altiva.

Música	¡Bien venida sea; sea bien venida!
Mérito	Bien en José venga la Belleza misma, que ser más no puede y a crecer aspira.
Música	¡Bien venida sea; sea bien venida!
Fortuna	Y a ese bello Anteros un Cupido siga, que sus glorias parta sin disminuirlas.
Dicha	Porque de una y otra Casa esclarecida, crezca a ser gloriosa generosa cifra.
Fortuna	Fortuna a su arbitrio esté tan rendida, que pierda de ciega la costumbre antigua.
Música	¡Bien venida sea; sea bien venida!
Mérito	Mérito, pues es tan de su Familia, como nación en ella, eterno le asista.

Música	¡Bien venida sea; sea bien venida!
Diligencia	Diligencia siempre tan fina le asista, que aumente renombres de ser más activa.
Música	¡Bien venida sea; sea bien venida!
Acaso	El Acaso, tanto se esmere en servirla, que haga del Acaso venturas precisas.
Música	¡Bien venida sea; sea bien venida!
Fortuna	En sus vellas Damas, cuya bizarría, de Venus y Flora es hermosa envidia.
Música	¡Bien venida sea; sea bien venida!
Mérito	Y pues esta casa, a quien iluminan tres Soles con rayos, un Alba con risa...
Acaso	...no ha sabido cómo

festejar su Dicha
si no es con mostrarse
de ella agradecida...

Diligencia ...que a merced, que en todo
es tan excesiva
que aun de los deseos
pasa la medida...

Fortuna ...nunca hay recompensa,
y si alguna hay digna,
es sólo el afecto
que hay a recibirla;...

Mérito ...que al que las deidades
al honor destinan,
el Mérito dan
con las honras mismas;...

Acaso ...y porque el festejo
pare en alegría,
los Coros acordes
otra vez repitan:

Música ¡Bien venida sea
tan sagrada Dicha,
que la Dicha siempre
es muy bien venida!

Dicha ¡Y sea en su Casa,
porque eterna viva,
como la Nobleza,
vínculo la Dicha!

Fortuna	Y porque a la causa es bien que estemos agradecidas, repetid conmigo todos:
Todos	¡Qué con bien Su Señoría Ilustrísima haya entrado, pues en su entrada festiva, fue la dicha de su entrada la entrada de nuestra Dicha!
Música	¡Fue la dicha de su entrada la entrada de nuestra Dicha!
(Letra cantada.)	Divina Lisi, permite a los respetos cobardes que por indignos te pierden, que por humildes te hallen.

Divina Lisi, permite
a los respetos cobardes
que por indignos te pierden,
que por humildes te hallen.
    No es ufano sacrificio
el que llega a tus altares;
que aun se halla indigno, el afecto,
de poder sacrificarse.
    Ni agradarte solicita;
que no son las vanidades
tan soberbias, que presuman
que a ti puedan agradarte.
    Sólo es una ofrenda humilde,
que entre tantos generales
tributos, a ser no aspira,
ni aun a ser parte integrante.
    La pureza de tu altar
no es bien macular con sangre,
que es mejor que arda en las venas
que no que las aras manche.

Mentales víctimas son
las que ante tu trono yacen,
a quien hieren del deseo
segures inmateriales.

No temen tu ceño; porque
cuando llegues a indignarte,
¿qué más dicha, que lograr
el merecerte un desaire?

Seguro, en fin, de la pena,
obra el amor; porque sabe
que a quien pretende el castigo,
castigo es no castigarle.

SIGUE INMEDIATAMENTE LA COMEDIA

PERSONAJES

Castaño, lacayo gracioso
Celia, criada de doña Ana
Don Carlos, galán
Don Juan, galán
Don Pedro, galán hermano de doña Ana
Don Rodrigo, padre de doña Leonor
Doña Ana, hermana de don Carlos
Doña Leonor, dama
Dos coros de música
Dos embozados
Hernando, criado de don Rodrigo

JORNADA PRIMERA

(La escena pasa en Toledo.)

[En casa de don Pedro.]

(Salen doña Ana y Celia.)

Ana   Hasta que venga mi hermano,
Celia, le hemos de esperar.

Celia   Pues eso será velar,
porque él juzga que es temprano
   la una o las dos; y a mi ver,
aunque es grande ociosidad
viene a decir la verdad,
pues viene al amanecer.
   Más, ¿por qué agora te dio
esa gana de esperar,
si te entras siempre a acostar
tú, y le espero sola yo?

Ana   Has de saber, Celia mía,
que aquesta noche ha fiado
de mí todo su cuidado;
tanto de mi afecto fía.
   Bien sabes tú que él salió
de Madrid dos años ha,
y a Toledo, donde está,
a una cobranza llegó,
   pensando luego volver,
y así en Madrid me dejó,
donde estando sola yo,
pudiendo ser vista y ver,

33

me vio don Juan y le vi,
y me solicitó amante,
a cuyo pecho constante
atenta correspondí;
  cuando, o por no ser tan llano
como el pleito se juzgó,
o lo cierto, porque no
quería irse mi hermano
  —porque vive aquí una dama
de perfecciones tan sumas
que dicen que faltan plumas
para alabarla a la Fama,
  de la cual enamorado
aunque no correspondido, *unrequited*
por conseguirla perdido
en Toledo se ha quedado,
  y porque yo no estuviese
sola en la corte sin él,
o porque a su amor crüel
de algún alivio le fuese—,
  dispuso él que venga aquí
a vivir yo, que al instante
di cuenta a don Juan, que amante
vino a Toledo tras mí;
  fineza a que agradecida
toda el alma estar debiera,
si ya iay de mí! no estuviera
del empeño arrepentida,
  porque el Amor que es villano
en el trato y la bajeza,
se ofende de la fineza.
Pero, volviendo a mi hermano,
  sábete que él ha inquirido
con obstinada porfía

qué motivo haber podía
para no ser admitido;
   y hallando que es otro amor,
aunque yo no sé de quién,
sintiendo más que el desdén
que otro gozase el favor
   —que como este fiero engaño
es envidioso veneno,
se siente el provecho ajeno
mucho más que el propio daño—;
   sobornando —ioh vil costumbre
que así la razón estraga,
que es tan ciego Amor, que paga
porque le den pesadumbre!—
   una crïada que era
de quien ella se fïaba,
en el estado que estaba
su amor, con el fin que espera,
   y con lo demás que pasa,
supo de la infiel crïada,
que estaba determinada
a salirse de su casa
   esta noche con su amante;
de que mi hermano furioso,
como a quien está celoso
no hay peligro que le espante,
   con unos hombres trató
que fingiéndose justicia
—imira qué astuta malicia!—
prendan al que la robó,
   y que al pasar por aquí
al galán y dama bella,
como en depósito, a ella
me la entregasen a mí,

y que luego al apartarse,
como que acaso ellos van
descuidados, al galán
den lugar para escaparse,
   con lo cual claro es arguye
que él se valdrá de los pies
huyendo, pues piensa que es
la justicia de quien huye;
   y mi hermano, con la traza
que su amor ha discurrido,
sin riesgo habrá conseguido
traer su dama a su casa,
   y en ella es bien fácil cosa
galantearla abrasado
sin que él parezca culpado
ni ella pueda estar quejosa,
   porque si tanto despecho
ella llegase a entender,
visto es que ha de aborrecer
a quien tal daño le ha hecho.
   Aquesto que te he contado,
Celia, tengo que esperar;
mira ¿cómo puedo entrar
a acostarme sin cuidado?

Celia   Señora, nada me admira;
que en amor no es novedad
que se vista la verdad
del color de la mentira,
   ¿ni quién habrá que se espante
si lo que es, llega a entender,
temeridad de mujer
ni resolución de amante,
   ni de traidoras criadas,

- such goings on are regular and hardly worthy of a topic of conversation
↳ pointed criticism of the Spanish comedies of the peninsula

- DA + C take advantage of the conventional female space (ie inside of house) + will attempt to usurp masculine control by taking some liberties. They will create a frenzy of activity indoors that rivals the events that supposedly took place in the street, while creating a parody of the scene by transforming a play of 'capa y espada' into a comedy 'de enredos'

que eso en todo el mundo pasa,
y quizá dentro de casa
hay algunas calderadas?
  Sólo admirado me han,
por las acciones que has hecho,
los indicios que tu pecho
da de olvidar a don Juan,
  y no sé por qué el cuidado
das en trocar en olvido,
cuando ni causa has tenido
tú, ni don Juan te la ha dado.

Ana — Que él no me la da, es verdad;
que no la tengo, es mentira.

Celia — ¿De qué manera?

Ana — ¿Qué se admira?
Es ciega la Voluntad.
  Tras mí, como sabes, vino
amante y fino don Juan,
quitándose de galán
lo que se añade de fino,
  sin dejar a qué aspirar
a la ley del albedrío,
porque si él es ya tan mío
¿qué tengo que desear?
  Pero no es aquésa sola
la causa de mi despego,
sino porque ya otro fuego
en mi pecho se acrisola.
  Suelo en esta calle ver
pasar a un galán mancebo,
que si no es el mismo Febo,

Febo = Phoebus Apollo - god of poetry - Sr Juana mentions him quite a lot

yo no sé quién pueda ser.
    A éste, ¡ay de mí!, Celia mía,
no sé si es gusto o capricho,
y... Pero ya te lo he dicho,
sin saber que lo decía.

Celia   ¿Lloras?

Ana   ¿Pues no he de llorar,
¡ay infeliz de mí!, cuando
conozco que estoy errando
y no me puedo enmendar?

Celia (Aparte.)   (Qué buenas nuevas me dan
con esto que agora he oído,
para tener yo escondido
en su cuarto al tal don Juan,
    que habiendo notado el modo
con que le trata enfadada,
quiere hacer la tarquinada
y dar al traste con todo.)
    ¿Y quién, señora, ha logrado
tu amor?

Ana   Sólo decir puedo
que es un don Carlos de Olmedo
el galán. Mas han llamado;
    mira quién es, que después
te hablaré, Celia.

Celia   ¿Quién llama?

(Habla dentro.)

38

Embozado   ¡La justicia!

Ana   Ésta es la dama;
              abre, Celia.

Celia   Entre quien es.

(Salen dos embozados y doña Leonor.)   'scene 2'

Embozado   Señora, aunque yo no ignoro
                  el decoro de esta casa,
cloaked man   pienso que el entrar en ella
                  ha sido más venerarla
                  que ofenderla; y así, os ruego
                  que me tengáis esta dama
                  depositada, hasta tanto
                  que se averigüe la causa
                  porque le dio muerte a un hombre
                  otro que la acompañaba.
                  Y perdonad, que a hacer vuelvo
                  diligencias no excusadas
                  en tal caso.

house = woman's domain
it can also be where she
is most vulnerable
- gaining access to the
house = gaining access to
women physically
is feminist critics
argue it's almost like
a penetration

(Vanse los embozados.)

Ana   ¿Qué es aquesto?
                  Celia, a aquesos hombres llama
acting   que lleven esta mujer,
                  que no estoy acostumbrada
                  a oír estas liviandades.

Celia (Aparte.)   (Bien la deshecha mi ama
                  hace de querer tenerla.)

DA assumes all
control of the house in
apodo's absence ∴ she
is the guardian of her
own honour + that of
her family

DLeonor's arrival
increases her responsib-
ility as DL's reputation
is in jeopardy

wants Leonor to beg

39

Leonor

Leonor is a represent-ation of Sr Juana 'seeing / being seen' SJ is interested in this concept + may have constructed characters like DL to counter + transcend diverse images of herself that were in circulation

Señora —en la boca el alma
tengo, ¡ay de mí!— si piedad
mis tiernas lágrimas causan
en tu pecho —hablar no acierto—,
te suplico arrodillada
que ya que no de mi vida,
tengas piedad de mi fama,
sin permitir, puesto que
ya una vez entré en tu casa,
que a otra me lleven adonde
corra mayores borrascas
mi opinión; que a ser mujer,
como imaginas, liviana,
ni a ti te hiciera este ruego,
ni yo tuviera estas ansias.

House - here - is not a place of security for a woman + DL will be exposed to the advances of DP although DA's dark house + manipulations will keep him at bay

(Hablan doña Ana y Celia aparte.)

Ana

(A lástima me ha movido
su belleza y su desgracia.
Bien dice mi hermano, Celia.)

Celia

(Es belleza sobrehumana;
y si está así en la tormenta
¿cómo estará en la bonanza?)

Ana

Alzad del suelo, señora,
y perdonad si turbada
del repentino suceso
poco atenta y cortesana
me he mostrado, que ignorar
quién sois, pudo dar la causa
a la extrañeza; mas ya
vuestra persona gallarda

40

informa en vuestro favor,
de suerte que toda el alma
ofrezco para serviros.

Leonor   ¡Déjame besar tus plantas,
bella deidad, cuyo templo,
cuyo culto, cuyas aras,
de mi deshecha fortuna
son el asilo!

Ana   Levanta,
y cuéntame qué sucesos
a tal desdicha te arrastran,
aunque, si eres tan hermosa,
no es mucho ser desdichada.

Celia (Aparte.)   (De la envidia que le tiene
no le arriendo la ganancia.)

Leonor   Señora, aunque la vergüenza
me pudiera ser mordaza
para callar mis sucesos,
la que como yo se halla
en tan infeliz estado,
no tiene por qué callarlas;
antes pienso que me abono
en hacer lo que me mandas,
pues son tales los indicios
que tengo de estar culpada,
que por culpables que sean
son más decentes sus causas;
y así, escúchame.

Ana   El silencio

[Handwritten margin note, right side:] DL – defends her right to free speech + then her right to defend the reasons of her state + 3rd announces the revelation of an aspect of her identity. This predisposes the audience to become witness to the events (unrelated until now) that have led DL to her current situation

[Handwritten note, bottom:] DA = reassuring DL into beginning her monologue

DL = appears quite narcisstic

41

Celia

¡Cosa brava!
¿Relación a media noche
y con vela? ¡Que no valga!

Leonor

Si de mis sucesos quieres
escuchar los tristes casos
con que ostentan mis desdichas
lo poderoso y lo vario,
escucha, por si consigo
que divirtiendo tu agrado
lo que fue trabajo propio
sirva de ajeno descanso,
o porque en el desahogo
hallen mis tristes cuidados
a la pena de sentirlos
el alivio de contarlos.
Yo nací noble; éste fue
de mi mal el primer paso,
que no es pequeña desdicha
nacer noble un desdichado;
que aunque la nobleza sea
joya de precio tan alto,
es alhaja que en un triste
sólo sirve de embarazo;
porque estando en un sujeto,
repugnan como contrarios,
entre plebeyas desdichas
haber respetos honrados.
Decirte que nací hermosa
presumo que es excusado,
pues lo atestiguan tus ojos
y lo prueban mis trabajos.

42

Handwritten margin annotations:

— analysis of 'noble' shows SJ as an observer (as a nun) of certain morals that she has criticised since her youth

— physical attributes — doesn't matter so much to her eg. cutting her hair when she didn't learn something fast enough

— 'mis trabajos' — uses the word to show the inconvenience + the suffering due to her good looks

— in her descriptions we see a woman who is 'disconforme, infeliz, insatisfecha, interiormente, objeto de severas criticas'
— she eludes to a socio-historical past to contextualise herself — wants narrate personal story — she wants to exert influence on the listener (seeing/being seen)
— SJ creates a direct listener in Doña C then relates her life in an almost autobiographical tone 'mis desdichas' + 'mis tristes cuidados'
— intention of the author/character is to transform their own experiences into intelligible and comprehensible situations so that people understand
— noble — sangre / alma — interior atributes
— SJ born out of wedlock — difficulties + the misfortune that that brings

simultaneously presents both her personal + the general view of nobility
The analysis of 'noble' in this way shows SJ as perhaps an observer (as a nun) of certain morals she has criticised since she was young.

Sólo diré... Aquí quisiera
no ser yo quien lo relato,
pues en callarlo o decirlo
dos inconvenientes hallo;
porque si digo que fui
celebrada por milagro
de discreción, me desmiente
la necedad del contarlo;
y si lo callo, no informo
de mí, y en un mismo caso
me desmiento si lo afirmo,
y lo ignoras si lo callo.
Pero es preciso al informe
que de mis sucesos hago
—aunque pase la modestia
la vergüenza de contarlo—,
para que entiendas la historia,
presuponer asentado
que mi discreción la causa
fue principal de mi daño.
Inclinéme a los estudios
desde mis primeros años
con tan ardientes desvelos
con tan ansiosos cuidados,
que reduje a tiempo breve
fatigas de mucho espacio.
Conmuté el tiempo, industriosa,
a lo intenso del trabajo,
de modo que en breve tiempo
era el admirable blanco
de todas las atenciones,
de tal modo, que llegaron
a venerar como infuso
lo que fue adquirido lauro.

Era de mi patria toda
el objeto venerado
de aquellas adoraciones
que forma el común aplauso;
y como lo que decía.
fuese bueno o fuese malo,
ni el rostro lo deslucía
ni lo desairaba el garbo,
llegó la superstición
popular a empeño tanto,
que ya adoraban deidad
el ídolo que formaron.
Voló la Fama parlera,
discurrió reinos extraños,
y en la distancia segura
acreditó informes falsos.
La pasión se puso anteojos
de tan engañosos grados,
que a mis moderadas prendas
agrandaban los tamaños.
Víctima en mis aras eran,
devotamente postrados,
los corazones de todos
con tan comprensivo lazo,
que habiendo sido al principio
aquel culto voluntario,
llegó después la costumbre,
favorecida de tantos,
a hacer como obligatorio
el festejo cortesano;
y si alguno disentía
paradojo o avisado,
no se atrevía a proferirlo,
temiendo que, por extraño,

-looking at herself + considering her place
- los galanteos de palacio
↳ game played by ladies + gents of court - flirting
- parallel w/ SJ

su dictamen no incurriese,
siendo de todos contrario,
en la nota de grosero
o en la censura de vano.
Entre estos aplausos yo,
con la atención zozobrando
entre tanta muchedumbre,
sin hallar seguro blanco,
no acertaba a amar a alguno,
viéndome amada de tantos.
Sin temor en los concursos
defendía mi recato
con peligros del peligro
y con el daño del daño.
Con una afable modestia
igualando el agasajo,
quitaba lo general
lo sospechoso el agrado.
Mis padres, en mi mesura
vanamente asegurados,
se descuidaron conmigo;
¡qué dictamen tan errado,
pues fue quitar por de fuera
las guardas y los candados
a una fuerza que en sí propia
encierra tantos contrarios!
Y como tan neciamente
conmigo se descuidaron,
fue preciso hallarme el riesgo
donde me perdió el cuidado.
Sucedió, pues, que entre muchos
que de mi fama incitados
contestar con mi persona
intentaban mis aplausos

llegó acaso a verme —¡Ay cielos!,
¿cómo permitís tiranos
que un afecto tan preciso
se forjase de un acaso?—
don Carlos de Olmedo, un joven
forastero, mas tan claro
por su origen, que en cualquiera
lugar que llegue a hospedarlo,
podrá no ser conocido,
pero no ser ignorado.
Aquí, que me des te pido
licencia para pintarlo,
por disculpar mis errores,
o divertir mis cuidados;
o porque al ver de mi amor
los extremos temerarios,
no te admire que el que fue
tanto, mereciera tanto.
Era su rostro un enigma
compuesto de dos contrarios
que eran valor y hermosura,
tan felizmente hermanados,
que faltándole a lo hermosos
la parte de afeminado,
hallaba lo más perfecto
en lo que estaba más falto;
porque ajando las facciones
con un varonil desgarro,
no consintió a la hermosura
tener imperio asentado;
tan remoto a la noticia,
tan ajeno del reparo,
que aun no le debió lo bello
la atención de despreciarlo;

-reference to her lover ?

-very manly

both male + female plotter - unusual

que como en un hombre está
lo hermoso como sobrado,
es bueno para tenerlo
y mal para ostentarlo.
Era el talle como suyo,
que aquel talle y aquel garbo,
aunque la Naturaleza
a otro dispusiera darlo,
sólo le asentara bien
al espíritu de Carlos;
que fue de su providencia
esmero bien acertado,
dar un cuerpo tan gentil
a espíritu tan gallardo.
Gozaba un entendimiento
tan sutil, tan elevado,
que la edad de lo entendido
era un mentís de sus años.
Alma de estas perfecciones
era el gentil desenfado
de un despejo tan airoso,
un gusto tan cortesano,
un recato tan amable,
un tan atractivo agrado,
que en el más bajo descuido
se hallaba el primor más alto;
tan humilde en los afectos,
tan tierno en los agasajos,
tan fino en las persuasiones,
tan apacible en el trato
y en todo, en fin, tan perfecto,
que ostentaba cortesano
despojos de lo rendido,
por galas de lo alentado.

En los desdenes sufrido,
en los favores callado,
en los peligros resuelto,
y prudente en los acasos.
Mira si con estas prendas,
con otras más que te callo,
quedaría, en la más cuerda,
defensa para el recato.
En fin, yo le amé; no quiero
cansar tu atención contando
de mi temerario empeño
la historia caso por caso;
pues tu discreción no ignora
de empeños enamorados,
que es su ordinario principio
desasosiego y cuidado,
su medio, lances y riesgos,
su fin, tragedias o agravios.
Creció el amor en los dos
recíproco y deseando
que nuestra feliz unión
lograda en tálamo casto
confirmase de Himeneo
el indisoluble lazo;
y porque acaso mi padre,
que ya para darme estado
andaba entre mis amantes
los méritos regulando,
atento a otras conveniencias
no nos fuese de embarazo,
dispusimos esta noche
la fuga, y atropellando
el cariño de mi padre,
y de mi honor el recato,

salí a la calle, y apenas
daba los primeros pasos
entre cobardes recelos
de mi desdicha, fiando
la una mano a las basquiñas
y a mi manto la otra mano,
cuando a nosotros resueltos
llegaron dos embozados.
«¿Qué gente?» dicen, y yo
con el aliento turbado,
sin reparar lo que hacía
porque suele en tales casos
hacer publicar secretos
el cuidado de guardarlos,
«¡Ay, Carlos, perdidos somos!»
dije, y apenas tocaron
mis voces a sus oídos
cuando los dos arrancando
los aceros, dijo el uno:
«¡Matadlo, don Juan, matadlo;
que esa tirana que lleva,
es doña Leonor de Castro,
mi prima.» Sacó mi amante
el acero, y alentado,
apenas con una punta
llegó al pecho del contrario,
cuando diciendo: «¡Ay de mí!»
dio en tierra, y viendo el fracaso
dio voces el compañero,
a cuyo estruendo llegaron
algunos; y aunque pudiera
la fuga salvar a Carlos,
por no dejarme en el riesgo
se detuvo temerario,

de modo que la justicia,
que acaso andaba rondando,
llegó a nosotros, y aunque
segunda vez obstinado
intentaba defenderse,
persuadido de mi llanto
rindió la espada a mi ruego,
mucho más que a sus contrarios.
Prendiéronle, en fin; y a mí,
como a ocasión del estrago,
viendo que el que queda muerto
era don Diego de Castro,
mi primo, en tu noble casa,
señora, despositaron
mi persona y mis desdichas,
donde en un punto me hallo
sin crédito, sin honor,
sin consuelo, sin descanso,
sin aliento, sin alivio,
y finalmente esperando
la ejecución de mi muerte
en la sentencia de Carlos.

Ana (Aparte.)   (¡Cielos! ¿qué es esto que escucho?
Al mismo que yo idolatro
es el que quiere Leonor...
¡Oh, qué presto que ha vengado
Amor a don Juan! ¡Ay triste!)
Señora, vuestros cuidados
siento como es justo. Celia,
lleva esta dama a mi cuarto
mientras yo a mi hermano espero.

Celia   Venid, señora.

50

Leonor   Tus pasos,
sigo, ¡ay de mí!, pues es fuerza
obedecer a los hados.

(Vanse Celia y doña Leonor.)

Ana   Si de Carlos la gala y bizarría
pudo por sí mover a mi cuidado,
¿cómo parecerá, siendo envidiado,
lo que sólo por sí bien parecía?
   Si sin triunfo rendirle pretendía,
sabiendo ya que vive enamorado,
¿qué victoria será verle apartado
de quien antes por suyo le tenía?
   Pues perdone don Juan, que aunque yo quiera
pagar su amor, que a olvido ya condeno,
¿cómo podré si ya en mi pena fiera
introducen los celos su veneno?
Que es Carlos más galán; y aunque no fuera,
tiene de más galán el ser ajeno.

(Sale don Carlos, con la espada desnuda, y Castaño.)

Carlos   Señora, si en vuestro amparo
hallan piedad las desdichas,
logrd el triunfo mayor
siendo amparo de las mías.
Siguiendo viene mis pasos
no menos que la justicia,
y como hüir de ella es
generosa cobardía,
al asilo de esos pies
mi acosado aliento aspira,

aunque si ya perdí el alma,
poco me importa la vida.

Castaño

[handwritten: -hazelnut -darker skinned than others -not criolo]

    A mí sí me importa mucho;
y así, señora, os suplica
mi miedo, que me escondáis
debajo de las baquiñas.

[handwritten: - lowers tone - entertainment - entertains lower class people more]

Carlos

    ¡Calla, necio!

Castaño

    ¿Pues será
la primer vez, si lo miras,
ésta, que los sacristanes
a los delincuentes libran?

[handwritten: - dirty/flirty - huge skirts w/cages + petticoats]

Ana (Aparte.)

[handwritten: Thinks men are shallower than women]

    ¡Carlos es! ¡Válgame el cielo!
La ocasión a la medida
del deseo se me viene
de obligar con bizarrías
su amor, sin hacer ultraje
a mi presunción altiva;
pues amparándole aquí
con generosas caricias,
cubriré lo enamorada
con visos de compasiva;
y sin ajar la altivez
que en mi decoro es precisa,
podré, sin rendirme yo,
obligarle a que se rinda;
que aunque sé que ama a Leonor,
¿qué voluntad hay tan fina
en los hombres, que si ven
que otra ocasión los convida
la dejen por la que quieren?

Taking control

Doesn't matter to her if she disrupts her brothers plan

—critiquing a style of comedy but using it to critique gender etc.
—that's not interesting enough

Carlos

—entertaining comments

Castaño

Ana

Pues alto, Amor, ¿qué vacilas,
si de que puede mudarse
tengo el ejemplo en mí misma?)
Caballero, las desgracias
suelen del valor ser hijas
y cebo de las piedades;
y así, si las vuestras libran
en mí su alivio, cobrar
la respiración perdida,
y en esta cuadra, que cae
a un jardín, entrad aprisa,
antes que venga un hermano
que tengo, y con la malicia
de veros conmigo solo
otro riesgo os aperciba.

    No quisiera yo, señora,
que el amparo de mi vida
a vos os costara un susto.

    ¿Agora en aqueso miras?
¡Cuerpo de quien me parió!

        Nada a mí me desanima.
Venid, que aquí hay una pieza
que nunca mi hermano pisa,
por ser en la que se guardan
alhajas que en las visitas
de cumplimiento me sirven,
como son alfombras, sillas
y otras cosas; y además
de aqueso, tiene salida
a un jardín, por si algo hubiere;
y porque nada os aflija,

Stephanie
Stephanie Merrim
metatheatre

Allows SJ to allow audience to envision 2 interpretations of the same vision/play/plot/themes/characters

—de familiarise the 'cloak + dagger' style comedy that's presented
—introduce comedia de enredos —knots

House of Pawns
—massive chess game
—moves people around the house like a game

53

venid y os la mostraré;
pero antes será precisa
diligencia el que yo cierre
la puerta, porque advertida
salga en llamando mi hermano.

(Habla Castaño aparte a don Carlos.)

Castaño   Señor, ¡Qué casa tan rica
y qué dama tan bizarra!
¿No hubieras —¡Pese a mis tripas,
que claro es que ha de pesarles,
pues se han de quedar vacías!—
enamorado tú a aquésta
y no a aquella pobrecita
de Leonor, cuyo caudal
son cuatro bachillerías?

Carlos   ¡Vive Dios, villano!

Ana   Vamos.
(Aparte.)   (Amor, pues que tú me brindas
con la dicha, no le niegues
después el logro a la dicha.)

(Vanse todos.)

[En casa de Leonor.]

(Salen don Rodrigo y Hernando.)

Rodrigo   ¿Qué me dices, Hernando?

Hernando   Lo que pasa;

que mi señora se salió de casa.

Rodrigo

¿Y con quién no has sabido?

Hernando

his man
servant

¿Cómo puedo,
si como sabes tú, todo Toledo
y cuantos a él llegaban,
su belleza e ingenio celebraban?
Con lo cual, conocerse no podía
cuál festejo era amor, cuál cortesía;
en que no sé si tú culpado has sido,
pues festejarla tanto has permitido,
sin advertir que, aunque era recatada,
es fuerte la ocasión y el verse amada,
y que es fácil que, amante e importuno,
entre los otros le agradase alguno.

Silvas pareadas
└ used by ppl of
high rank

You've been a bad
dad

Rodrigo

Hernando, no me apures la paciencia;
que aquéste ya no es tiempo de advertencia.
¡Oh fiera! ¿Quién diría
de aquella mesurada hipocresía,
de aquel punto y recato que mostraba,
que liviandad tan grande se encerraba
en su pecho alevoso?
¡Oh mujeres! ¡Oh monstruo venenoso!
¿Quién en vosotras fía,
si con igual locura y osadía,
con la misma medida
se pierde la ignorante y la entendida?
Pensaba yo, hija vil, que tu belleza,
por la incomodidad de mi pobreza,
con tu ingenio sería
lo que más alto dote te daría;
y agora, en lo que has hecho,

angry w/ him

- theme of
  honour

- family honour
  lost
- not a heroic
  character → she's a
  problem solver

- SJ departs from
  something truly
  credible

- intelligent women
  weren't revered /celebrated

- rant against
  women
- frustrated that his
  eagerness to show
  off his daughter has
  led to this
- emotional 'oh
  mujeres'

- link to father in another play → la dama boba
- more realistic father in terms of daughters intelligence

55

conozco que es más daño que provecho;
pues el ser conocida y celebrada
y por nuevo milagro festejada,
me sirve, hecha la cuenta,
sólo de que se sepa más tu afrenta.
¿Pero cómo a la queja se abalanza
primero mi valor, que a la venganza?
¿Pero cómo, ¡ay de mí!, si en lo que lloro
la afrenta sé y el agresor ignoro?
Y así ofendido, sin saber me quedo
ni cómo, ni de quién vengarme puedo.

Hernando   Señor, aunque no sé con evidencia
quién pudo de Leonor causar la ausencia,
por el rumor que había
de los muchos festejos que le hacía,
tengo por caso llano
que la llevó don Pedro de Arellano.

Rodrigo   Pues si don Pedro fuera,
di, ¿qué dificultad hallar pudiera
en que yo por mujer se le entregara
sin que tan grande afrente me causara?

Hernando   Señor, como eran tantos lo que amaban
a Leonor, y su mano deseaban,
y a ti te la han pedido,
temería no ser el elegido;
que todo enamorado es temeroso,
y nunca juzga que será el dichoso;
y aunque usando tal medio
le alabo yo el temor y no el remedio,
sin duda por quitar la contingencia
se quiso asegurar con el ausencia.

Y así, señor, si tomas mi consejo
—tú estás cansado y viejo,
don Pedro es mozo, rico y alentado,
y sobre todo, el mal ya está causado—,
pórtate con él cuerdo, cual conviene,
y ofrécele lo mismo que él se tiene;
dile que vuelva a casa a Leonor bella
y luego al punto cásale con ella,
y él vendrá en ello, pues no habrá quien huya
lo que ha de resultar en honra suya;
y con lo que te ordeno,
vendrás a hacer antídoto el veneno.

Rodrigo   ¡Oh Hernando! ¡Qué tesoro es tan preciado
un fiel amigo, o un leal crïado!
Buscar a mi ofensor aprisa elijo
por convertirle de enemigo en hijo.

Hernando   Sí, señor, que el remedio es bien se aplique
antes que el mal que pasa se publique.

(Vanse los dos.)

[En casa de don Pedro.]

(Sale doña Leonor retirándose de don Juan.)

Juan   Espera, hermosa homicida.
¿De quién huyes? ¿Quién te agravia?
¿Qué harás de quien te aborrece
si así a quien te adora tratas?
Mira que ultrajas huyendo
los mismos triunfos que alcanzas,
pues siendo el vencido yo

tú me vuelves las espaldas,
y que haces que se ejerciten
dos acciones encontradas:
tú, huyendo de quien te quiere;
yo, siguiendo a quien me mata.

Leonor   Caballero, o lo que sois;
si apenas en esta casa,
que aun su dueño ignoro, acabo
de poner la infeliz planta,
¿cómo queréis que yo pueda
escuchar vuestras palabras,
si de ellas entiendo sólo
el asombro que me causan?
Y así, si como sospecho
me juzgáis otra, os engaña
vuestra pasión. Deteneos
y conoced, más cobrada
la atención, que no soy yo
la que vos buscáis.

Juan   ¡Ah ingrata!
Sólo eso falta, que finjas
para no escuchar mis ansias,
como que mi amor tuviera
condición tan poco hidalga
que en escuchar mis lamentos
tu decoro peligrara.
Pues bien para segurarte,
las experiencias pasadas
bastaban, de nuestro amor,
en que viste veces tantas
que las olas de mi amor
cuando más crespas llegaban

a querer con los deseos
de amor anegar la playa,
era margen tu respeto
al mar de mis esperanzas.

Leonor   Ya he dicho que no soy yo,
caballero, y esto basta;
idos, o yo llamaré
a quien oyendo esas ansias
las premie por verdaderas
o las castigue por falsas.

Juan   Escucha.

Leonor   No tengo qué.

Juan   ¡Pues vive el Cielo, tirana,
que forzada me has de oír
si no quieres voluntaria,
y ha de escucharme grosero
quien de lo atento se cansa!

(Cógela de un brazo.)

Leonor   ¿Qué es esto? ¡Cielos, valedme!

Juan   En vano a los cielos llamas,
que mal puede hallar piedad
quien siempre piedad le falta.

Leonor   ¡Ay de mí! ¿No hay quien socorra
mi inocencia?

(Salen don Carlos y doña Ana deteniéndolo.)

59

Ana
Tente, aguarda,
que yo veré lo que ha sido,
sin que tú al peligro salgas
si es que mi hermano ha venido.

Carlos
Señora, esta voz el alma
me ha atravesado; perdona.

Ana (Aparte.)
(La puerta tengo cerrada;
y así, de no ser mi hermano
segura estoy; mas me causa
inquietud el que no sea
que Carlos halle a su dama;
pero si ella está en mi cuarto
y Celia fue a acompañarla,
¿qué ruido puede ser éste?
Y a oscuras toda la cuadra
está.) ¿Quién va?

Carlos
Yo, señora;
¿qué me preguntas?

Juan
Doña Ana,
mi bien, señora, ¿por qué
con tanto rigor me tratas?
¿Éstas eran las promesas
éstas eran las palabras
que me distes en Madrid
para alentar mi esperanza?
Si obediente a tus preceptos,
de tus rayos salamandra,
girasol de tu semblante,
Clicie de tus luces claras,

60

dejé, sólo por servirte
el regalo de mi casa,
el respeto de mi padre,
y el cariño de mi patria;
si tú, si no de amorosa
de atenta y de cortesana,
diste con tácito agrado
a entender lo que bastaba
para que supiese yo
que era ofrenda mi esperanza
admitida en el sagrado
sacrificio de tus aras,
¿cómo agora tan esquiva
con tanto rigor me tratas?

Ana (Aparte.)   (¿Qué es esto que escucho, cielos?
¨No es éste don Juan de Vargas,
que mi ingratitud condena
y sus finezas ensalza?
¿Pues quién aquí le ha traído?)

Carlos   Señora, escucha.

(Llega don Carlos a doña Leonor.)

Leonor   Hombre, aparta;
ya te he dicho que me dejes.

Carlos   Escucha, hermosa doña Ana,
mira que don Carlos soy,
a quien tu piedad ampara.

Leonor (Aparte.)   (Don Carlos ha dicho. ¡Cielos!
Y hasta en el habla jurara

61

que es don Carlos; y es que como
tengo a Carlos en el alma,
todos Carlos me parecen,
cuando él ¡ay prenda adorada!
en la prisión estará.)

Carlos   ¿Señora?

Leonor   Apartad, que basta
deciros que me dejéis.

Carlos   Si acaso estáis enojada
porque hasta aquí os he seguido,
perdonad, pues fue la causa
solamente el evitar
si algún daño os amenaza.

Leonor (Aparte.)   (¡Válgame Dios, lo que a Carlos
parece!)

Juan   ¿Qué, en fin, ingrata,
con tal rigor me desprecias?

(Sale Celia con luz.)

Celia (Aparte.)   (A ver si está aquí mi ama,
para sacar a don Juan
que oculto dejé en su cuadra,
vengo; mas ¿qué es lo que veo?)

Leonor (Aparte.)   (¿Qué es esto? ¡El cielo me valga!
¿Carlos no es éste que miro?)

Carlos (Aparte.)   (¡Ésta es Leonor, o me engaña

la aprensión!)

Ana (Aparte.)   (¿Don Juan aquí?
Aliento y vida me faltan.)

Juan (Aparte.)   (¿Aquí don Carlos de Olmedo?
Sin duda que de doña Ana
es amante, y que por él
aleve, inconstante y falsa
me trata a mí con desdén.)

Leonor (Aparte.)   (¡Cielos! ¿En aquesta casa
Carlos, cuando amante yo
en la prisión le lloraba?
¿En una cuadra escondido,
y a mí, pensando que hablaba
con otra, decirme amores?
Sin duda que de esta dama
es amante. Pero ¿cómo?
¿Si es ilusión lo que pasa
por mí? ¡Si a él llevaron preso
y quedé despositada
yo! Toda soy un abismo
de penas.)

Juan   ¡Fácil, liviana!
¿Éstos eran los desdenes;
tener dentro de tu casa
oculto un hombre? ¡Ay de mí!
¿Por esto me desdeñabas?
¡Pues, vive el cielo, traidora,
que pues no puede mi saña
vengar en ti mi desprecio,
porque aquella ley tirana

63

del respeto a las mujeres,
de mis rigores te salva
me he de vengar en tu amante!

Ana   ¡Detente, don Juan, aguarda!

Carlos (Aparte.)   (Son tantas las confusiones
en que mi pecho batalla,
que en su varia confusión
el discurso se embaraza,
y por discurrirlo todo
acierto a discurrir nada.
¿Aquí Leonor, cielos? ¿Cómo?)

Ana   ¡Detente!

Juan   ¡Aparta, tirana,
que a tu amante he de dar muerte!

Celia   Señora, mi señor llama.

Ana   ¿Qué dices, Celia? ¡Ay de mí!
Caballeros, si mi fama
os mueve, débaos agora
el ver que no soy culpada
aquí en la entrada de alguno,
a esconderos, que palabra
os doy de daros lugar
de que averigüéis mañana
la causa de vuestras dudas;
pues si aquí mi hermano os halla,
mi vida y mi honor peligran.

Carlos   En mí bien asegurada

64

[Handwritten margin notes:]

shows his own confusion + lack of action + decisive will

double of Leonor fidelity + sense of honour replicate Leonor's passivity + they prevent his exit from the dilemma

hostage to his own honourable principles — never makes decision

está la obediencia, puesto
que debo estar a tus plantas
como a amparo de mi vida.

Juan   Y en mí, que no quiero, ingrata,
aunque ofendido me tienes,
cuando eres tú quien lo manda,
que a otro, porque te obedece,
le quedes más obligada.

Ana   Yo os estimo la atención,
Celia, tú en distintas cuadras
oculta a los dos, supuesto
que no es posible que salga
hasta la mañana, alguno.

Celia   Ya poco término falta.
Don Juan, conmigo venid.
Tú, señora, a esa fantasma
éntrala donde quisieres.

(Vanse Celia y don Juan.)

Ana   Caballero, en esa cuadra
os entrad.

Carlos   Ya te obedezco.
¡Oh, quiera el cielo que salga
de tan grande confusión!

(Vase don Carlos.)

Ana   Leonor, también retirada
puedes estar.

Leonor	Yo, señora,
	aunque no me lo mandaras
	me ocultara mi vergüenza.

(Vase doña Leonor.)

Ana	¿Quién vio confusiones tantas
	como en el breve discurso
	de tan pocas horas pasan?
	¡Apenas estoy en mí!

(Sale Celia.)

| Celia | Señora, ya en mi posada |
| | está. ¿Qué quieres agora? |

| Ana | A abrir a mi hermano baja, |
| | que es lo que agora importa, Celia. |

Celia (Aparte.)	(Ella está tan asustada
	que se olvida de saber
	cómo entró don Juan en casa;
	mas ya pasado el aprieto,
	no faltará una patraña
	que decir, y echar la culpa
	a alguna de las crïadas,
	que es cierto que donde hay muchas
	se peca de confianza,
	pues unas a otras se culpan
	y unas por otras se salvan.)

(Vase Celia.)

Ana   ¡Cielos, en qué empeño estoy
                       de Carlos enamorada,
                       perseguida de don Juan,   → Lothario = DJ
                       con mi enemiga en mi casa,
                       con crïadas que me venden,
                       y mi hermano que me guarda!
                       Pero él llega; disimulo.

(Sale don Pedro.)

Pedro   Señora, querida hermana,
   flowery   ¡qué bien tu amor se conoce,
   language →   y qué bien mi afecto pagas,
   (galán)   pues te halló despierta el Sol,
                         y te ve vestida el alba!
                         ¿Dónde tienes a Leonor?

Ana   En mi cuadra, retirada
   why did you   mandé que estuviese, en tanto,
   take so long?   hermano, que tú llegabas.
                         Mas ¿cómo tan tarde vienes?

Pedro   Porque al salir de su casa
                         la conoció un deudo suyo,
                         a quien con una estocada
                         dejó Carlos casi muerto;
                         y yo viendo alborotada
                         la calle, aunque no sabían
                         quién era y quién la llegaba,
                         para que aquel alboroto
                         no declarara la causa,
                         hice que, de los crïados,
                         dos al herido cargaran,
                         como de piedad movido,

→ For the audience ←
to follow whats
happened so far

'enchanted labyrinth'
L, d-carlos +
   Leonor
L loco there sense
   of reality —
   dancing

67

hasta llevarle a su casa,
mientras otros a Leonor,
y a Carlos preso, llevaban
para entregársela a ti;
y hasta dejar sosegada
la calle, venir no quise.

Ana

irony

    Fue atención muy bien lograda,
pues excusaste mis riesgos
sólo con esa tardanza.

Pedro

    Eres en todo discreta;
y pues Leonor sosegada
está, si a ti te parece
no será bien inquietarla,
que para que oiga mis penas,
teniéndola yo en mi casa,
sobrado tiempo me queda;
que no es amante el que trata
primero de sus alivios
que no del bien de su dama;
y también para que tú
te recojas, que ya basta
por aliviar mis desvelos,
la mala vida que pasas.

Ana

    Hermano, yo por servirte
muchos más riesgos pasara,
pues somos los dos tan uno
y tan como propias trata
tus penas el alma, que
imagino al contemplarlas
que tu desvelo y el mío
nacen de una misma causa.

highlight something.

Pedro	De tu fineza lo creo.
Ana (Aparte.)	(Si entendieras mis palabras...)
Pedro	Vámonos a recoger, si es que quien ama descansa.
Ana (Aparte.)	(Voy a sosegarme un poco, si es que sosiega quien ama.)
Pedro	Amor, si industrias alientas, anima mis esperanzas.
Ana (Aparte.)	(Amor, si tú eres cautelas, a mis cautelas ampara.)

(Vanse los dos.)

Fin del primera jornada

(Letra por «Bellísimo Narciso».)

Bellísima María,
a cuyo Sol radiante
del otro Sol se ocultan
los rayos materiales;
    tú, que con dos celestes
divinos luminares,
árbitro de las luces,
las cierras, o las abres;
    que, porque de ser soles
la virtud no les falte,
engendran de tu pelo

los ricos minerales,
  cuyo Ofir proceloso,
al arbitrio del aire,
forma en ricas tormentas
doradas tempestades,
  sin permitir lo negro;
que no era bien se hallasen,
entre copia de luces,
sombra de oscuridades,
  dejando a la hermosura
plebeya el azabache,
que es lucir con lo opuesto
de mendigas deidades;
  y al adornar tu frente,
se mira coronarse
con arreboles de oro
montaña de diamante,
  pues dándole la nieve
transparentes pasajes,
lo cándido acredita,
mas desmiente lo frágil...

En fin, Lysi divina,
perdona si, ignorante,
a un mar de perfecciones
me engolfe el leño frágil.

  Y pues para tu aplauso
nunca hay voces capaces,
tú te alaba, pues sola
es razón que te alabes.

Fin de la primera jornada

[handwritten margin notes, left:] —religious tone
—her sponsors —Lisi

[handwritten margin notes, right:] echoes a poem she wrote 'mi Lisi divina' · honouring her patrons · politically good thing for her to do

70

SAINETE PRIMERO DE PALACIO

PERSONAJES

El Amor
El Obsequio
El Respeto
La Esperanza
La Fineza
Un Alcalde

SAINETE PRIMERO

(Sale el Alcalde cantando.)

Alcalde   Alcalde soy del Terrero,
y quiero en esta ocasión,
de los entes de palacio
hacer ente de razón.
Metafísica es del gusto
sacarlos a plaza hoy,
que aquí los mejores entes
los metafísicos son.
Vayan saliendo a la plaza,
porque aunque invisibles son,
han de parecer reales,
aunque le pese a Platón.
Del desprecio de las damas,
plenipotenciario soy;
y del favor no, porque
el palacio no hay favor.
El desprecio es aquí el premio,
y aun eso cuesta sudor;
pues no lo merece sino
el que no lo mereció.
    «¡Salgan los entes, salgan,
que se hace tarde,
y en palacio se usa
que espere nadie!»

(Sale el Amor, cubierto.)

Amor   Yo, señor alcalde, salgo
a ver si merezco el premio.

Alcalde   ¿Y quién sois?

Amor	Soy el Amor.
Alcalde	¿Y por qué venís cubierto?
Amor	Porque, aunque en palacio asisto, soy delincuente.
Alcalde	Si hay eso, ¿por qué venís a palacio?
Amor	Porque me es preciso hacerlo, y tuviera mayor culpa a no tender la que tengo.
Alcalde	¿Cómo así?
Amor	Porque en palacio, quien no es amante, es grosero; y escoger el menor quise, entre dos preciso yerros.
Alcalde	¿Y por eso pretendéis el premio?
Amor	Sí.
Alcalde	¡Majadero! ¿Quién os dijo que el Amor es digno ni aun del desprecio?
(Canta.)	«¡Andad, andad adentro; que el que pretende, dice que es el desprecio,

y el favor quiere!»

(Vase el Amor y sale el Obsequio.)

Obsequio   Señor Alcalde, de mí
                     no se podrá decir eso.

Alcalde   ¿Quién sois?

Obsequio   El Obsequio soy,
                     debido en el galanteo
                     de las damas de palacio.

Alcalde   Bien, ¿y por qué queréis premio,
                     si decís que sois debido?
                     ¡Por cierto, sí, que es muy bueno
                     que lo que nos debéis vos,
                     queréis que acá lo paguemos!

(Canta.)   «¡Andad, andad adentro;
                     porque las damas
                     llegan hasta las deudas,
                     no hasta las pagas!»

(Vase el Obsequio y sale el Respeto.)

Respeto   Yo, que soy el más bien visto
                     ente de palacio, vengo
                     a que me premiéis, señor.

Alcalde   ¿Y quién sois?

Respeto   Soy el Respeto.

Alcalde	Pues yo no os puedo premiar.
Respeto	¿Por qué no?
Alcalde	Porque si os premio, será vuestra perdición.
Respeto	¿Cómo así?
Alcalde	Porque lo exento de las deidades, no admite pretensión; y el pretenderlo y conseguirlo será perdérseles el respeto.
(Canta.)	«¡Andad, andad adentro; que no es muy bueno el Respeto que mira varios respetos!»

(Vase el Respeto, y sale la Fineza.)

Fineza	Yo, señor, de todos, sola soy quien el premio merezco.
Alcalde	¿Quién sois?
Fineza	La Fineza soy; ved si con razón pretendo.
Alcalde	¿Y en qué el merecer fundáis?
Fineza	¿En qué? En lo fino, lo atento, en lo humilde, en lo obsequioso,

en el cuidado, el desvelo,
y en amar por sólo amar.

Alcalde
    Vos mentís en lo propuesto;
que si amarais por amar,
aun siendo el premio el desprecio,
no lo quisierais, siquiera
por tener nombre de premio.
Demás de que yo conozco,
y en las señas os lo veo,
que no sois vos la Fineza.

Fineza
    ¿Pues qué tengo de no serlo?

Alcalde
    Vení acá. ¿Vos nos decís
que sois la Fineza?

Fineza
        Es cierto.

Alcalde
    Veis ahí cómo no lo sois.

Fineza
    ¿Pues en qué tengo de verlo?

Alcalde
    ¿En qué? En que vos lo decís;
y el amante verdadero
ha de tener de lo amado
tan soberano concepto,
que ha de pensar que no alcanza
su amor al merecimiento
de la beldad a quien sirve;
y aunque la ame con extremo,
ha de pensar siempre que es
su amor, menor que el objeto,
y confesar que no paga

con todos los rendimientos;
que lo fino del amor
está en no mostrar el serlo.

(Canta.)   «¡Y andad, andad adentro;
que la Fineza
mayor es, de un amante,
no conocerlo!»

(Vase la Fineza, y sale la Esperanza, tapada.)

Esperanza   El haber, señor alcalde,
sabido que es el propuesto
premio el desprecio, me ha dado
ánimo de pretenderlo.

Alcalde   Decid quién sois, y veré
si lo merecéis.

Esperanza   No puedo;
que me hicierais desterrar,
si llegaras a saberlo.

Alcalde   Pues, ¿y cómo puedo yo
premiaros sin conoceros?

Esperanza   ¿Pues para aqueso no basta
el saber que lo merezco?

Alcalde   Pues si yo no sé quién sois,
ni siquiera lo sospecho,
¿de dónde puedo inferir
yo vuestro merecimiento?
Y así, perded el temor

que os encubre, del destierro
—que aunque tengáis mil delitos,
por esta vez os dispenso—
y descubríos.

Esperanza   La Esperanza
                     soy.

Alcalde   ¡Qué grande atrevimiento!
                     ¿Una villana en palacio?

Esperanza   Sí, ¿pues qué os espantáis de eso
                     si siempre vivo en palacio,
                     aunque con nombre supuesto?

Alcalde   ¿Y cuál es?

Esperanza   Desconfianza
                     me llamo entre los discretos,
                     y soy Desconfianza fuera
                     y Esperanza por de dentro;
                     y así, oyendo pregonar
                     el premio, a llevarle vengo;
                     que la Esperanza, en palacio,
                     sólo es digna del desprecio.

Alcalde   Mientes; que el desprecio toma
                     algún género de cuerpo
                     en la boca de las damas,
                     y al decirlo, por lo menos
                     se le detiene en los labios,
                     y se le va con los ecos;
                     y con esto basta para hacerse
                     mucho aprecio del desprecio,

y sobra para que sea
premio para los discretos;
que no es razón que a una dama
le costara tanto un necio.

(Canta.)   «¡Andad, andad adentro;
que la Esperanza
por más que disimule,
siempre es villana!»

    Y pues se han acabado
todos los entes
sin que ninguno el premio
propuesto lleve,
sépase que en las damas
aún los desdenes,
aunque tal vez se alcanzan,
no se merecen.
Y así, los entes salgan,
porque confiesen
que no merece el premio
quien lo pretende.

(Salen los Entes, y cada uno canta su copla.)

Amor   Verdad es lo que dices;
pues aunque amo,
el Amor es obsequio,
mas no contrato.

Obsequio   Ni tampoco el Obsequio;
porque en palacio,
con que servir lo dejen,
queda pagado.

Respeto	Ni tampoco el Respeto algo merece; que a ninguno le pagan lo que se debe.
Fineza	La Fineza tampoco; porque, bien visto, no halla en lo obligatorio lugar lo fino.
Esperanza	Yo, pues nada merezco siendo Esperanza, de hoy más llamarme quiero Desesperada.
Alcalde	Pues sepa, que en palacio, los que lo asisten, aun los mismos desprecios son imposibles.

Fin del sainete

JORNADA SEGUNDA

[En la casa de don Pedro.]

(Salen don Carlos y Castaño.)

his manservant

Carlos	Castaño, yo estoy sin mí.

| Castaño | Y yo, que en todo te sigo.
Tan sólo he estado conmigo
aquel rato que dormí. |

— rhyming couplets
ABBA
, double entendre

| Carlos | ¿Sabes lo que me ha pasado?
Mas juzgo que sueño fue. |

| Castaño | Si es sueño muy bien lo sé;
y yo también he soñado
y dormido como dama,
pues los vestidos, señor,
que me dio al salir Leonor,
son quien me sirvió de cama. |

— foreshadowing
— going to dress up
as a woman

| Carlos | ¿Galas suyas a llevarlas
anoche Leonor te dio? |

| Castaño | Sí, señor, si las lió,
¿no era preciso el liarlas? |

— lightening tone
— play on words
— not an idiot (not criollo)

| Carlos | ¿Dónde las tienes? |

| Castaño | Allí,
y en cama quiero rompellas,
que pues yo las cargué a ellas,
ellas me carguen a mí. |

— irony
— doesn't realise
how much they'll
help him

83

| Carlos | Yo he visto —¡pierdo el sentido!— |
| | en esta casa a Leonor. |

Castaño	Aqueso será, señor,
	que quien bueyes ha perdido...;
	y así tú, que en tus amores
	te desvanece el furor,
	como has perdido a Leonor,
	se te aparecen Leonores.
	Mas dime qué te pasó,
	con aquella dama bella,
	que así Dios se duela de ella
	como de mí se dolió;
	porque viendo que contigo
	empezaba a discurrir,
	me traté yo de dormir
	por excusar un testigo.

Carlos	Castaño, aquésa es malicia;
	pero lo que pasó fue
	que, como sabes, entré
	huyendo de la justicia;
	que ella atenta y cortesana
	ampararme prometió,
	y en esta cuadra me entró
	y me dijo que era hermana
	de don Pedro de Arellano,
	y que aquí oculto estaría,
	porque si acaso venía
	no me encontrara su hermano;
	y con tanta bizarría
	me hizo una y otra promesa,
	que con ser tal su belleza

[handwritten margin note: he feels indebted to ~~Leonor~~ her → that feeling stops him from leaving]

es mayor su cortesía,
  y discreta y lisonjera,
alabándome, añadió
cosas que, a ser vano yo,
a otro afecto atribuyera.
  Pero son quimeras vanas
de jóvenes altiveces;
que en mirándolas corteses
luego las juzgan livianas;
  y sus malicias erradas
en su mismo mal contentas,
si no las ven desatentas,
no las tienen por honradas;
  y a un pensar tan desigual
y aun no indigno del desdén,
nunca ellas obran más bien
que cuando las tratan mal,
  pues al que se desvanece
con cualquiera presunción,
le hace daño la atención,
y es porque no la merece.
  Pero, volviendo al suceso
de lo que a mí me pasó,
ella me favoreció,
Castaño, con grande exceso.
  Yo mi historia le conté,
y ella con discreto modo
quedó de ajustarlo todo
con tal que yo aquí me esté,
  diciendo que no me diese
cuidado, que ella lo hacía
por el riesgo que tenía
si yo en público saliese;
  condición, para mí, que

imposible hubiera sido,
a no haberme sucedido
lo que agora te diré.

   Estando de esta manera,
oímos, al parecer
dar voces una mujer
en otra cuadra de afuera;

   y aunque doña Ana impedir
que yo saliese quería,
venciéndola mi porfía
por fuerza hube de salir.

   Sacó una luz al rumor
una crïada, y con ella
conocer a Leonor bella
pude.

Castaño   ¿A quién?

Carlos   A mi Leonor.

Castaño   ¿A Leonor? ¿Haslo soñado?
¿Hay tan grande bobería?
Yo por loco te tenía
pero no tan declarado.

   De oírlo sólo me espanto,
señor, vete poco a poco;
mira, muy bueno es ser loco,
mas no es bueno serlo tanto.

   La locura es conveniente
por las entradas de mes,
como Luna, un sí es no es,
cuanto ayude a ser valiente;

   mas no, señor, de manera
que oyendo esos desatinos

—describing the scene we saw to Castaño

te me atisben los vecinos
porque saben la tronera.

Carlos   Pícaro, si no estuviera
donde estoy...

Castaño   Tente, señor;
que yo también vi a Leonor.

Carlos   ¿Adónde?

Castaño   En tu faltriquera,
 pintada con mil primores.
Y que era viva entendí,
porque luego que la vi
le salieron los colores;
 y aunque de razón escasa
no me resolvió la duda,
yo pensé, viéndola muda,
que estaba puesta la pasa.

Carlos   ¡Qué friolera!

Castaño   ¿Qué te enfadas
si viva me pareció?
Algunas he visto yo
que están vivas y pintadas.

Carlos   Si en belleza es Sol Leonor,
¿para qué afeites quería?

Castaño   Pues si es Sol, ¿cómo podía
estar sin el resplandor?
 Mas si a Leonor viste, di,

¿qué determinas hacer?

Carlos

Quiero esperar hasta ver
qué causa la trajo aquí;
    pues si piadosa mi estrella
aquí le dejó venir,
¿adónde tengo de ir
si aquí me la dejo a ella?
Y así, es mejor esperar
de todo resolución,
para ver si hay ocasión
de volvérmela a llevar.

Castaño

Bien dices; mas hacia acá,
señor, viene enderezada
una, al parecer crïada
de esta casa.

Carlos

¿Qué querrá?

(Sale Celia.)

Celia

Caballero, mi señora
os ordena que al jardín
os retiréis luego, a fin
de que ha de salir agora
    a esta cuadra mi señor,
y no será bien que os vea.
(Aparte.)
(Aquesto es porque no sea
que él desde aquí vea a Leonor.)

Carlos

Decidle que mi obediencia
le responde.

88

(Vase don Carlos.)

AAB AAB rhyme scheme

romance

Celia	Vuelvo a irme.
Castaño	¿Oye vusté, y querrá oírme?
Celia	¿Qué he de oír?
Castaño	De penitencia.

Celia
Por cierto, lindos cuidados
se tiene el muy socarrón.

Castaño
Pues digo, ¿no es confesión
el decirle mis pecados?

Celia
No a mi afecto se abalance,
que son lances excusados.

Castaño
Si nos tienes encerrados,
¿no te he de querer de lance?

Celia
Ya he dicho que no me quiera.

Castaño
Pues ¿qué quiere tu rigor
si de mi encierro y tu amor
no me puedo hacer afuera?
Mas, ¿siendo crïada te engríes?

Celia
¿Crïada a mí, el muy estropajo?

Castaño
Calla, que aqueste agasajo
es porque no te descríes.

Celia   Yo me voy, que es fuerza, y luego
si no es juego volveré.

Castaño   Juego es; mas bien sabe usté
que tiene vueltas el juego.

(Salen doña Leonor y doña Ana.)

Ana   ¿Cómo la noche has pasado,
Leonor?

Leonor   Decirte, señora,
que no me lo preguntaras
quisiera.

Ana (Aparte.)   ¿Por qué? (¡Ah penosa
atención, que me precisas
a agradar a quien me enoja!)

Leonor   Porque si me lo preguntas,
es fuerza que te responda
que la pasé bien o mal,
y en cualquiera de estas cosas
encuentro un inconveniente;
pues mis penas y tus honras
están tan mal avenidas
que si te respondo agora
que mal, será grosería,
y que bien, será lisonja.

Ana   Leonor, tu ingenio y tu cara
el uno a otro se malogra,
que quien es tan entendida
es lástima que sea hermosa.

90

Leonor	Como tú estás tan segura
	de que aventajas a todas
	las hermosuras, te muestras
	fácilmente cariñosa
	en alabarlas, porque
	quien no compite, no estorba.

| Ana | Leonor, y de tus cuidados |
| | ¿cómo estás? |

Leonor	Como quien toca,
	náufrago entre la borrasca
	de las olas procelosas,
	ya con la quilla el abismo,
	y ya el cielo con la popa.
(Aparte.)	(¿Cómo le preguntaré
	—pero está el alma medrosa—
	a qué vino anoche Carlos?
	Mas ¿qué temo, si me ahoga
	después de tantos tormentos
	de los celos la ponzoña?)

| Ana | Leonor, ¿en qué te suspendes? |

Leonor	Quisiera saber, perdona,
	que pues ya mi amor te dije,
	fuera cautela notoria
	querer no mostrar cuidado
	de aquello que tú no ignoras
	que es preciso que le tenga;
	y así, pregunto, señora,
	pues sabes ya que yo quiero
	a Carlos y que su esposa

soy, ¿cómo entró anoche aquí?

Ana

  Deja que no te responda
a esa pregunta tan presto.

Leonor

  ¿Por qué?

Ana

  Porque quiero agora
que te diviertas oyendo
cantar.

Leonor

  Mejor mis congojas
se divirtieran sabiendo
esto, que es lo que me importa;
y así...

Ana

  Con decirte que
fue una contingencia sola,
te respondo; mas mi hermano
viene.

Leonor

  Pues que yo me esconda
será preciso.

Ana

  Antes no,
que ya yo de tu persona
le di cuenta, porque pueda
aliviarte en tus congojas;
que al fin los hombres mejor
diligencian estas cosas,
que nosotras.

Leonor

  Dices bien;
mas no sé qué me alborota.

(Sale don Pedro.)

Mas, ¡cielos!, ¿qué es lo que miro?
Éste es tu hermano, señora?

Pedro   Yo soy, hermosa Leonor;
¿qué os admira?

Leonor (Aparte.)   (¡Ay de mí! Toda
soy de mármol. ¡Ah Fortuna,
que así mis males dispongas,
que a la casa de don Pedro
me traigas!)

Pedro   Leonor hermosa,
segura estáis en mi casa;
porque aunque sea a la costa
de mil vidas, de mil almas,
sabré librar, vuestra honra
del riesgo que os amenaza.

Leonor   Vuestra atención generosa
estimo, señor don Pedro.

Pedro   Señora, ya que las olas
de vuestra airada fortuna
en esta playa os arrojan,
no habéis de decir que en ella
os falta quien os socorra.
Yo, señora, he sido vuestro,
y aunque siempre desdeñosa
me habéis tratado, el desdén
más mi fineza acrisola,

93

que es muy garboso desaire
el ser fino a toda costa.
Ya en mi casa estáis, y así
sólo tratamos agora
de agradaros y serviros,
pues sois dueña de ella toda.
Divierte a Leonor, hermana.

Ana   Celia.

Celia   ¿Qué mandas, señora?

Ana   Di a Clori y Laura que canten.

(Ana habla aparte a Celia.)

(Y tú, pues ya será hora
de lo que tengo dispuesto
porque mi industria engañosa
se logre, saca a don Carlos
a aquesa reja, de forma
que nos mire y que no todo
lo que conferimos oiga.
De este modo lograré
el que la pasión celosa
empiece a entrar en su pecho;
que aunque los celos blasonan
de que avivan el amor,
es su operación muy otra
en quien se ve como dama
o se mira como esposa,
pues en la esposa despecha
lo que en la dama enamora.)
¿No vas a decir que canten?

Celia	Voy a decir ambas cosas.
Pedro	Mas con todo, Leonor bella,

Pedro Mas con todo, Leonor bella,
dadme licencia que rompa
las leyes de mi silencio
con mis quejas amorosas,
que no siente los cordeles
quien el dolor no pregona.
¿Qué defecto en mi amor visteis
que siempre tan desdeñosa
me tratasteis? ¿Era ofensa
mi adoración decorosa?
Y si amaros fue delito,
¿cómo otro la dicha goza,
e igualándome la culpa
la pena no nos conforma?
¿Cómo, si es ley el desdén,
en vuestra beldad, forzosa,
en mí la ley se ejecuta
y en el otro se deroga?
¿Qué tuvo para con vos
su pasión de más airosa,
de más bien vista su pena,
que siendo una misma cosa,
en mí os pareció culpable
y en el otro meritoria?
Si él os pareció más digno,
¿no supliera en mi persona
lo que de galán me falta
lo que de amante me sobra?
Mas sin duda mi fineza
es quien el premio me estorba,
que es quien la merece menos

[handwritten note: - upset that he can't get his way]

quien siempre la dicha logra;
mas si yo os he de adorar
eternamente, ¿qué importa
que vos me neguéis el premio,
pues es fuerza que conozca
que me concedéis de fino
lo que os negáis de piadosa?

Leonor   Permitid, señor don Pedro,
ya que me hacéis tantas honras,
que os suplique, por quien sois,
me hagáis la mayor de todas;
y sea que ya que veis
que la fortuna me postra
no apuréis más mi dolor,
pues me basta a mí por soga
el cordel de mi vergüenza
y el peso de mis congojas.
Y puesto que en el estado
que veis que tienen mis cosas,
tratarme de vuestro amor
es una acción tan impropia,
que ni es bien decirlo vos,
ni justo que yo lo oiga,
os suplico que calléis;
y si es venganza que toma
vuestro amor de mi desdén
elegidla de otra forma,
que para que estéis vengado
hay en mí penas que sobran.

(Hablan aparte, y salen a una reja don Carlos, Celia, y Castaño.)

Celia   Hasta aquí podéis salir,

96

que aunque mandó mi señora
que os retirarais, yo quiero
haceros esta lisonja
de que desde aquesta reja
oigáis una primorosa
música, que a cierta dama,
a quien mi señor adora,
ha dispuesto. Aquí os quedad.

Castaño   Oiga usted.

Celia   No puedo agora.
                    Vase y sale por el otro lado

Castaño   Fuése y cerrónos la puerta
            y dejónos como monjas
            en reja, y sólo nos falta
            una escucha que nos oiga.
(Llega y mira.)   Pero, señor, ¡vive Dios!,
            que es cosa muy pegajosa
            tu locura, pues a mí
            se me ha pegado.

Carlos   ¿En qué forma?

Castaño   En que escucho los cencerros,
            y aun los cuernos se me antojan
            de los bueyes que perdimos.

(Llega don Carlos.)

Carlos   ¿Qué miro? ¡Amor me socorra!
            ¡Leonor, doña Ana y don Pedro
            son! ¿Ves cómo no fue cosa

de ilusión el que aquí estaba?

Castaño   ¿Y de que esté no te enojas?

Carlos   No, hasta saber cómo vino;
que si yo en la casa propia
estoy, sin estar culpado,
¿cómo quieres que suponga
culpa en Leonor? Antes juzgo
que la fortuna piadosa
la condujo adonde estoy.

Castaño   Muy reposado enamoras,
pues no sueles ser tan cuerdo;
mas ¿si hallando golpe en bola
la Ocasión, el tal don Pedro
la cogiese por la cola,
estaríamos muy buenos?

Carlos   Calla, Castaño, la boca,
que es muy bajo quien sin causa,
de la dama a quien adora,
se da a entender que le ofende,
pues en su aprensión celosa
¿qué mucho que ella le agravie
cuando él a sí se deshonra?
Mas escucha, que ya templan.

Ana   Cantad, pues.

Celia   Vaya de solfa.

Música   ¿Cuál es la pena más grave
que en las penas de amor cabe?

98

Canción

traditional part of baroque comedy

Voz I	El carecer del favor será la pena mayor, puesto que es el mayor mal.
Coro I	No es tal.
Voz I	Sí es tal.
Coro II	¿Pues cuál es?
Voz II	Son los desvelos a que ocasionan los celos, que es un dolor sin igual.
Coro II	No es tal.
Voz II	Sí es tal.
Coro I	¿Pues cuál es?
Voz III	Es la impaciencia a que ocasiona la ausencia, que es un letargo mortal.
Coro II	No es tal.
Voz III	Sí es tal.
Coro II	¿Pues cuál es?
Voz IV	Es el cuidado con que se goza lo amado, que nunca es dicha cabal.

Coro II	No es tal.
Voz IV	Sí es tal.
Coro I	¿Pues cuál es?
Voz V	Mayor se infiere no gozar a quien me quiere cuando es el amor igual.
Coro I	No es tal.
Voz V	Sí es tal.
Coro II	Tú, que agora has respondido, conozco que sólo has sido quien las penas de amor sabe.
Coro I	¿Cuál es la pena más grave que en las penas de amor cabe? [Take over song]
Pedro	Leonor, la razón primera de las que han cantado aquí es más fuerte para mí; pues si bien se considera es la pena más severa que puede dar el amor la carencia del favor, que es su término fatal.
Leonor	No es tal.
Pedro	Sí es tal.

Coplas de arte menor

own interpretations of love ♥

Ana	Yo, hermano, de otra opinión
	soy, pues si se llega a ver,
	el mayor mal viene a ser
	una celosa pasión;
	pues fuera de la razón
	de que del bien se carece,
	con la envidia se padece
	otra pena más mortal.

| Leonor | No es tal. |

| Ana | Sí es tal. |

Leonor	Aunque se halla mi sentido
	para nada, he imaginado
	que el carecer de lo amado
	en amor correspondido;
	pues con juzgarse querido
	cuando del bien se carece,
	el ansia de gozar crece
	y con ella crece el mal.

| Ana | No es tal. |

| Leonor | Sí es tal. |

Carlos	¡Ay Castaño! Yo dijera
	que de amor en los desvelos
	son el mayor mal los celos,
	si a tenerlos me atreviera;
	mas pues quiere Amor que muera,
	muera de sólo temerlos,
	sin llegar a padecerlos,

pues éste es sobrado mal.

| Castaño | No es tal. |

| Carlos | Sí es tal. |

Castaño	Señor, el mayor pesar
	con que el amor nos baldona,
	es querer una fregona
	y no tener qué la dar;
	pues si llego a enamorar
	corrido y confuso quedo,
	pues conseguirlo no puedo
	por la falta de caudal.

| Música | No es tal. |

| Castaño | Sí es tal. |

Celia	El dolor más importuno
	que da Amor en sus ensayos,
	es tener doce lacayos
	sin regalarme ninguno,
	y tener perpetuo ayuno,
	cuando estar harta debiera
	esperando costurera
	los alivios del dedal.

| Música | No es tal. |

| Celia | Sí es tal. |

| Ana | Leonor, si no te divierte |
| | la música, al jardín vamos, |

quizá tu fatiga en él
se aliviará.

Leonor   ¿Qué descanso
             puede tener la que sólo
             tiene por alivio el llanto?

Pedro   Vamos, divino imposible.

(Doña Ana habla aparte a Celia.)

Ana   Haz, Celia, lo que he mandado,
             que yo te mando un vestido
             si se nos logra el engaño.

(Vanse don Pedro, doña Ana, y doña Leonor.)

Celia (Aparte.)   (Eso sí es mandar con modo;
             aunque esto de «Yo te mando»,
             cuando los amos lo dicen,
             no viene a hacer mucho al caso,
             pues están siempre tan hechos
             que si acaso mandan algo,
             para dar luego se excusan
             y dicen a los criados
             que lo que mandaron no
             fue manda, sino mandato.
             Pero vaya de tramoya.
             Yo llego y la puerta abro;
             que puesto que ya don Juan,
             que era mi mayor cuidado,
             con la llave que le di
             estuvo tan avisado
             que sin que yo le sacase

103

se salió paso entre paso
por la puerta del jardín, — *ana + leonor*
y mi señora ha tragado
que fue otra de las criadas
quien le dio entrada en su cuarto,
gracias a mi hipocresía.
y a unos juramentos falsos
que sobre el caso me eché
con tanto desembarazo,
que ella quedó tan segura
que agora me ha encomendado
lo que allá dirá el enredo.
Yo llego.) ¿Señor don Carlos?

— ana uses celia to execute her plan
— likes J uses her characters (to show her life directly)

Carlos   ¿Qué quieres, Celia? ¡Ay de mí!

Celia   A ver si habéis escuchado
la música vine.

Carlos   Sí,
y te estimo el agasajo.
Mas dime, Celia, ¿a qué vino
aquella dama que ha estado
con doña Ana y con don Pedro?

Celia (Aparte.)   (Ya picó el pez. Largo el trapo.)
Aquella dama, señor...
Mas yo no puedo contarlo
si primero no me dais
la palabra de callarlo.

Carlos   Yo te la doy. ¿A qué vino?

Celia   Temo, señor, que es pecado

104

descubrir vidas ajenas;
mas supuesto que tú has dado
en que lo quieres saber
y yo en que no he de contarlo,
vaya, mas sin que lo sepas.
Y sabe que aquel milagro
de belleza, es una dama
a quien adora mi amo,
y anoche, yo no sé cómo
ni cómo no, entró en su cuarto.
Él la enamora y regala;
con qué fin, yo no lo alcanzo,
ni yo en conciencia pudiera
afirmarte que ello es malo,
que puede ser que la quiera
para ser fraile descalzo.
Y perdona, que no puedo
decir lo que has preguntado,
que estas cosas mejor es
que las sepas de otros labios.

puts herself in there = barefooted nun

comparison w/ leonor

(Vase Celia.)

Scene →

Carlos

    Castaño, ¿no has oído aquesto?
Cierta es mi muerte y mi agravio.

Castaño

    Pues si ella no nos lo ha dicho,
¿cómo puedo yo afirmarlo?

Carlos

    ¡Cielos! ¿Qué es esto que escucho?
¿Es ilusión, es encanto
lo que ha pasado por mí?
¿Quién soy yo? ¿Dónde me hallo?
¿No soy yo quien de Leonor

*Ana
↳'mujer varonil'
↳pulling all the strings
↳driving the situation + chasing the man*

Aa → Ana puts carlos in a labyrinth so he loses his mind

105

• mimic pg 95
• when pedro asks DL
• shows hero + anti
  hero
• difference

la beldad idolotrando,
la solicité tan fino,
la serví tan recatado,
que en premio de mis finezas
conseguí favores tantos;
y, por último, seguro
de alcanzar su blanca mano
y de ser solo el dichoso
entre tantos desdichados,
no salió anoche conmigo,
su casa y padre dejando,
reduciendo a mí la dicha
que solicitaban tantos?
¿No la llevó la justicia?
Pues, ¿cómo ¡ay de mí! la hallo
tan sosegada en la casa
de don Pedro de Arellano,
que amante la solicita?
Y yo... Mas ¿cómo no abraso
antes mis agravios, que
pronunciar yo mis agravios?
Mas cielos, ¿Leonor no pudo
venir por algún acaso   — irony
a esta casa, sin tener
culpa de lo que ha pasado,
pues prevenirlo no pudo?
Y que don Pedro, llevado
de la ocasión de tener
en su poder el milagro
de la perfección, pretenda
como mozo y alentado,
lograr la ocasión felice
que la Fortuna le ha dado,
sin que Leonor corresponda

— contrast to don
  pedro
— gives her the
  benefit of doubt
— gentleman

106

a sus intentos osados?
Bien puede ser que así sea;
¿mas cumplo yo con lo honrado,
consintiendo que a mi dama
la festeje mi contrario
y que con tanto lugar
como tenerla a su lado
la enamore y solicite
y que haya de ser tan bajo
yo que lo mire y lo sepa
y no intente remediarlo?
Eso no, ¡viven los cielos!
Sígueme, vamos, Castaño,
y saquemos a Leonor
a pesar de todos cuantos
lo quisieren defender.

- first time he's decisive

Castaño

trying to put him off

device to let play continue

Señor, ¿estás dado al diablo?
¿No ves que hay en esta casa
una tropa de lacayos,
que sin que nadie lo sepa
nos darán un sepancuantos,
y andarán descomedidos
por andar muy bien cri̇ados?

Carlos

Cobarde, ¿aqueso me dices?
Aunque vibre el cielo rayos,
aunque iras el cielo esgrima
y el abismo aborte espantos,
me la tengo de llevar.

Baroque language
florid language

Castaño

¡Ahora, sus! Si ha de ser, vamos;
y luego de aquí a la horca,
que será el segundo paso.

lighter mood

(Salen don Rodrigo y don Juan.)

Rodrigo   Don Juan, pues vos sois su amigo,
                          reducidle a la razón,
                          pues por aquesta ocasión
                          os quise traer conmigo;
                          que pues vos sois el testigo
                          del daño que me causó
                          cuando a Leonor me llevó,
                          podréis con desembarazo
                          hablar en aqueste caso
                          con más llaneza que yo.
                            Ya de todo os he informado,
                          y en un caso tan severo
                          siempre lo trata el tercero
                          mejor que no el agraviado;
                          que al que es noble y nació honrado,
                          cuando se le representa
                          la afrenta, por más que sienta,
                          le impide, aunque ése es el medio,
                          la vergüenza del remedio
                          el remedio de la afrenta.

Juan   Señor don Rodrigo, yo,
                          por la ley de caballero,
                          os prometo reducir
                          a vuestro gusto a don Pedro,
                          a que él juzgo que está llano,
                          porque tampoco no quiero
                          vender por fineza mía
                          a lo que es mérito vuestro.
                          Y pues, porque no se niegue
                          no le avisamos, entremos

108

(Aparte.)

a la sala... (Mas, ¿qué miro?
¿Aquí don Carlos de Olmedo,
con quien anoche reñí?
¡Ah, ingrata doña Ana! ¡Ah fiero
basilisco!)

(Sale Celia.)

Celia

¡Jesucristo!
Don Juan de Vargas y un viejo,
señor, y te han visto ya.

Carlos

No importa, que nada temo.

Rodrigo

Aquí don Carlos está,
y para lo que traemos
que tratar, grande embarazo
será.

Castaño

Señor, reza el credo,
porque éstos pienso que vienen
para darnos pan de perro;
pues sin duda que ya saben
que fuiste quien a don Diego
hirió y se llevó a Leonor.

Carlos

No importa, ya estoy resuelto
a cuanto me sucediere.

Rodrigo

Mejor es llegar; yo llego.
Don Carlos, don Juan y yo
cierto negocio traemos
que precisamente agora
se ha de tratar a don Pedro;

y así, si no es embarazo
a lo que venís, os ruego
nos deis lugar, perdonando
el estorbo, que los viejos
con los mozos, y más cuando
son tan bizarros y atentos
como vos, esta licencia
nos tomamos.

Carlos (Aparte.)   (¡Vive el cielo!
que aún ignora don Rodrigo   → *dawns on him*
que soy de su agravio el dueño.) → *he's not in*
                                   trouble yet.

Juan (Aparte.)   (No sé, ¡vive el cielo!, cómo
viendo a don Carlos, contengo
la cólera que me incita.)

(Celia habla aparte a don Carlos.)

Celia   (Don Carlos, pues el empeño
begging him   miráis en que está mi ama
to hide.   si llega su hermano a veros,
               que os escondáis os suplico.)   *Romance*

Carlos (Aparte.)   (Tiene razón. ¡Vive el cielo!
Que si aquí me ve su hermano,
la vida a doña Ana arriesgo,
– reluctance to act   y habiéndome ella amparado
                        es infamia; mas ¿qué puedo
– stalling   hacer yo en aqueste caso?
– passivity mirrors   Ello, no hay otro remedio;
leonor's   ocúltome, que el honor
                        de doña Ana es lo primero,
– only pretending   y después saldré a vengar
to be brave.

110   *– so honourable he struggles*
          to make decisions

mis agravios y mis celos.)

Celia   ¡Señor, por Dios, que te escondas
antes que salga don Pedro!

Carlos   Señor don Rodrigo, yo
estoy —perdonad si os tengo
vergüenza, que vuestras canas
dignas son de este respeto—
sin que don Pedro lo sepa,
en su casa; y así, os ruego
que me dejéis ocultar
antes que él salga, que el riesgo
que un honor puede correr
me obliga.

Juan (Aparte.)   (¡Que esto consiento!
¿Qué más claro ha de decir
que aquel basilisco fiero
de doña Ana aquí le trae?
¡Oh, pese a mi sufrimiento
que no le quito la vida!
Pero ajustar el empeño
es antes, de don Rodrigo,
pues le di palabra de ello;
que después yo volveré,
puesto que la llave tengo
del jardín, y tomaré
la venganza que deseo.)

Rodrigo   Don Carlos, nada me admira;
mozo he sido, aunque soy viejo;
vos sois mozo, y es preciso
que deis sus frutos al tiempo;

111

y supuesto que decís
que os es preciso esconderos,
haced vos lo que os convenga,
que yo la causa no inquiero
de cosas que no me tocan.

Carlos — Pues adiós.

Rodrigo — Guárdeos el cielo.

Celia (Aparte.) — ¡Vamos aprisa! (A Dios gracias
que se ha excusado este aprieto.)
Y vos, señor, esperad
mientras aviso a mi dueño.

Carlos (Aparte.) — (Un Etna llevo en el alma.)

-nymph who was a mediator between hephaestos + demeter
-show he's balanced
-carries volcano in his breast
-not explosive way
-calm mediator
-classical reference

Juan (Aparte.) — (Un volcán queda en el pecho.)

(Vanse don Carlos, Celia y Castaño.)

Rodrigo — Veis aquí cómo es el mundo;
a mí me agravia don Pedro,
don Carlos le agravia a él,
y no faltara un tercero
también que agravie a don Carlos.
Y es que lo permite el cielo
en castigo de las culpas,
y dispone que paguemos
con males que recibimos
los males que habemos hecho.

-creating a triangle is key element of comedia de enredos

Juan (Aparte.) — (Estoy tan fuera de mí
de haber visto manifiesto

mi agravio, que no sé cómo
he de sosegar el pecho
para hablar en el negocio
de que he de ser medianero,
que quien ignora los suyos
mal hablará en los ajenos.)

(Sale don Carlos a la reja.)

Carlos   Ya que fue fuerza ocultarme
por el debido respeto
de doña Ana, como a quien
el amparo y vida debo,
desde aquí quiero escuchar,
pues sin ser yo visto puedo,
a qué vino don Rodrigo,
que entre mil dudas el pecho,
atrólogo de mis males
me pronostica los riesgos.

(Sale don Pedro.)

Pedro   Señor don Rodrigo, ¿vos
en mi casa? Mucho debo
a la ocasión que aquí os trae,
pues que por ella merezco
que vos me hagáis tantas honras.

Rodrigo   Yo las recibo, don Pedro,
de vos; y ved si es verdad,
pues a vuestra casa vengo
por la honra que me falta.

Pedro   Don Juan amigo, no es nuevo

el que vos honréis mi casa.
Tomad entrambos asiento
y decid, ¿cómo venís?

Juan   Yo vengo al servicio vuestro,
y pues a lo que venimos
dilación no admite, empiezo.
Don Pedro, vos no ignoráis,
como tan gran caballero,
las muchas obligaciones
que tenéis de parecerlo.
Esto supuesto, el señor
don Rodrigo tiene un duelo
con vos.

Pedro   ¿Conmigo, don Juan?
Holgaréme de saberlo.
— dramatic irony

(Aparte.)   (¡Válgame Dios! ¿Qué será?)

Rodrigo   Don Pedro, ved que no es tiempo
éste de haceros de nuevas,
— not being rude
y si acaso decís eso
por la cortés atención
que debéis a mi respeto,
yo estimo la cortesía,
y en la atención os dispenso.
Vos, amante de Leonor,
la solicitasteis ciego,
pudiendo haberos valido
de mí, y con indignos medios
la sacasteis de mi casa,
cosa que... Pero no quiero
reñir agora el delito
que ya no tiene remedio;

— shame has already been brought on the house

que cuando os busco piadoso
no es bien reñiros severo,
y como lo más se enmiende,
yo os perdonaré lo menos.
Supuesto esto, ya sabéis
vos que no hay sangre en Toledo
que pueda exceder la mía;
y siendo esto todo cierto,
¿qué dificultad podéis
hallar para ser mi yerno?
Y si es falta el estar pobre
y vos rico, fuera bueno
responder eso, si yo
os tratara el casamiento
con Leonor; mas pues vos fuisteis
el que la eligió primero,
y os pusisteis en estado
que ha de ser preciso hacerlo,
no he tenido yo la culpa
de lo que fue arrojo vuestro.
Yo sé que está en vuestra casa,
y sabiéndolo, no puedo
sufrir que esté en ella, sin que
le deis de esposo al momento
la mano.

Pedro (Aparte.)   (¡Válgame Dios!
¨Qué puedo en tan grande empeño
responder a don Rodrigo?
Pues si que la tengo niego,
es fácil que él lo averigüe,
y si la verdad confieso
de que la sacó don Carlos,
se la dará a él y yo pierdo,

115

si pierdo a Leonor, la vida.
Pues si el casarme concedo,
puede ser que me desaire
Leonor. ¡Quién hallara un medio
con que poder dilatarlo!)

Juan   ¿De qué, amigo, estáis suspenso,
cuando la proposición
resulta en decoro vuestro;
cuando el señor don Rodrigo,
tan reportado y tan cuerdo,
os convida con la dicha
de haceros felice dueño
de la beldad de Leonor?

Pedro   Lo primero que protesto,
señor don Rodrigo, es que
tanto la beldad venero
de Leonor, que puesto que
sabéis ya mis galanteos,
quiero que estéis persuadido
que nunca pudo mi pecho
mirarla con otros ojos,
ni hablarla con otro intento
que el de ser feliz con ser
su esposo. Y esto supuesto,
sabed que Leonor anoche
supo —aun a fingir no acierto—
que estaba mala mi hermana,
a quien con cariño tierno
estima, y vino a mi casa
a verla sólo, creyendo
que vos os tardarais más
con-la diversión del juego.

Hízose algo tarde, y como
temió el que hubieseis ya vuelto,
como sin licencia vino,
despachamos a saberlo
un crïado de los míos,
y aquéste volvió diciendo
que ya estabais vos en casa,
y que habíais echado menos
a Leonor, por cuya causa
haciendo justos extremos,
la buscabais ofendido.
Ella, temerosa, oyendo
aquesto, volver no quiso.
Éste es en suma el suceso;
que ni yo saqué a Leonor,
ni pudiera, pretendiendo
para esposa su beldad,
proceder tan desatento
que para mirarme en él
manchara antes el espejo.
Y para que no juzguéis
que ésta es excusa que invento
por no venir en casarme
mi fe y palabra os empeño
de ser su esposo al instante
como Leonor venga en ello;
y en esto conoceréis
que no tengo impedimento
para dejar de ser suyo
más de que no la merezco.

Carlos   ¿No escuchas esto, Castaño?
¡La vida y el juicio pierdo!

- honour
  → cloudy mirror
→ comparing her
  to an item
- objectifying?

Castaño

La vida es la novedad;
que lo del juicio, no es nuevo.

Rodrigo

Don Pedro, a lo que habéis dicho
hacer réplica no quiero,
sobre si pudo o no ser,
como decís, el suceso;
pero siéndole ya a todos
notorios vuestros festejos,
sabiendo que Leonor falta
y yo la busco, y sabiendo
que en vuestra casa la hallé,
nunca queda satisfecho
mi honor, si vos no os casáis;
y en lo que me habéis propuesto
de si Leonor querrá o no,
eso no es impedimento,
pues ella tener no puede
más gusto que mi precepto;
y así llamadla y veréis
cuán presto lo ajusto.

- doesn't care whether Leonor wants it or not
- attempted to squash his daughters free will
↳ what women want isn't listened to

Pedro

Temo,
señor, que Leonor se asuste,
y así os suplico deis tiempo
de que antes se lo proponga
mi hermana, porque supuesto
que yo estoy llano a casarme,
y que por dicha lo tengo,
¿qué importa que se difiera
de aquí a mañana, que es tiempo
en que le puedo avisar
a mis amigos y deudos
porque asistan a mis bodas,

- buying time bcos he knows Leonor didn't leave w/him + she will say
- needs to sort it out

y también porque llevemos
a Leonor a vuestra casa,
donde se haga el casamiento?

Rodrigo   Bien decís; pero sabed
que ya quedamos en eso,
y que es Leonor vuestra esposa.

Pedro   Dicha mía es el saberlo.

Rodrigo   Pues, hijo, adiós; que también
hacer de mi parte quiero
las prevenciones.

Pedro   Señor,
vamos; os iré sirviendo.

Rodrigo   No ha de ser; y así, quedaos,   *offered to help*
que habéis menester el tiempo.

Pedro   Yo tengo de acompañaros.

Rodrigo   No haréis tal.

Pedro   Pues ya obedezco.

Juan   Don Pedro, quedad con Dios.

Pedro   Id con Dios, don Juan.   *adieu*

(Vanse don Rodrigo y don Juan.)

Yo quedo
tan confuso, que no sé

(handwritten: -confused)
(handwritten: -fears Leonor will say no)
(handwritten: -trying to buy himself time)

si es pesar o si es contento,
si es fortuna o es desaire
lo que me está sucediendo.
Don Rodrigo con Leonor
me ruega, yo a Leonor tengo;
el caso está en tal estado
que yo excusarme no puedo
de casarme; solamente
es a Leonor a quien temo.
No sea que lo resista;
mas puede ser que ella, viendo
el estado de las cosas
y de su padre el precepto,
venga en ser mía. Yo voy.
¡Amor, ablanda su pecho!

(Vase don Juan. Salen don Carlos y Castaño.) *(handwritten: Scene 12)*

Carlos   No debo de estar en mí,
Castaño, pues no estoy muerto.
Don Rodrigo ¡ay de mí! juzga
que a Leonor sacó don Pedro
y se la viene a ofrecer;   *(handwritten: shocked w/ pedro)*
y él, muy falso y placentero,
viene en casarse con ella,
sin ver el impedimento
de que se salió con otro.

Castaño   ¿Qué quieres? El tal sujeto
es marido convenible
y no repara en pucheros;
él vio volando esta garza
y quiso matarla al vuelo;
conque, si él ya la cazó,

120

ya para ti volaverunt.

Carlos

Yo estoy tan sin mí, Castaño,
que aun a discurrir no acierto
lo que haré en aqueste caso.

Castaño

Yo te daré un buen remedio
para que quedes vengado.
Doña Ana es rica, y yo pienso
que revienta por ser novia;
enamórala, y con eso
te vengas de cuatro y ocho;
que dejas a aqueste necio
mucho peor que endiablado,
encuñadado en aeternum.

Carlos

¡Por cierto, gentil venganza!

Castaño

¿Mal te parece el consejo?
Tú no debes de saber
lo que es un cuñado, un suegro,
una madrastra, una tía,
un escribano, un ventero,
una mula de alquiler,
ni un albacea, que pienso
que del infierno el mejor
y más bien cobrado censo
no llegan a su zapato.

Carlos

¡Ay de mí, infeliz! ¿Qué puedo
hacer en aqueste caso?
¡Ay Leonor, si yo te pierdo,
pierda la vida también!

Castaño	No pierdas ni aun un cabello, sino vamos a buscarla; que en el tribunal supremo de su gusto, quizá se revocará este decreto.
Carlos	¿Y si la fuerza su padre?
Castaño	¿Qué es forzarla? ¿Pues el viejo está ya para Tarquino?— Vamos a buscarla luego, que como ella diga nones, no hará pares con don Pedro.
Carlos	Bien dices, Castaño, vamos.
Castaño	Vamos, y deja lamentos, que se alarga la jornada si aquí más nos detenemos.

Handwritten margin notes: "Tarquinius → forceful roman empesor → proud, arrogant, lofty"; "cards + couple"

(Vanse los dos.)

Handwritten: "end of ~~say~~ second act"

Fin del segunda jornada

Handwritten: "- classical talling of love"

(Letra por «Tierno, adorado Adonis...».)

> Tierno pimpollo hermoso,
> que a pequeñez reduces
> del prado los colores,
> y del cielo las luces,
>   pues en tu rostro bello
> unidos se confunden
> de estrellas y de rosas
> centellas y perfumes;

Cupido soberano,
a cuyas flechas dulces,
herido el viento silba,
flechando el viento cruje;
   astro hermosa, que apenas
das la primera lumbre,
cuando en los pechos todos
dulce afición influyes;
   bisagra que amorosa
dos corazones unes,
que siendo antes unión,
a identidad reduces;
   oriente de arreboles,
porque Sol más ilustre
en tu rostro amanezca
que en el cielo madrugue;
   hijo de Marte y Venus, — cupid
porque uno y otro numen,
te infunda éste lo fuerte,
te dé aquélla lo dulce;
   bello Josef amado, — biblical
que dueño te introduces
en comunes afectos
de efectos no comunes;
   Sol que naces, mudando
del otro la costumbre,   fortune
en el Ocaso, porque
adonde él muere, triunfes;
   la cortedad admite,
pues las solicitudes
que aspiran a tu obsequio,
no es razón que se frustren.

PERSONAJES

Acevedo
Arias
Compañeros
Muñiz

SAINETE SEGUNDO

(Salen Muñiz y Arias.)

Arias
> Mientras descansan nuestros camaradas
> de andar las dos jornadas
> —que, vive Dios, que creo
> que no fueran más largas de un correo;
> pues si aquesta comedia se repite
> juzgo que llegaremos a Cavite,
> e iremos a un presidio condenados,
> cuando han sido los versos los forzados—,
> aquí, Muñiz amigo, nos sentemos
> y toda la comedia murmuremos.

Muñiz
> Arias, vos os tenéis buen desenfado;
> pues si estáis tan cansado
> y yo me hallo molido, de manera
> que ya por un tamiz pasar pudiera
> —y esto no es embeleco,
> pues sobre estar molido, estoy tan seco
> de aquestas dos jornadas, que he pensado
> que en mula de alquiler he caminado—,
> ¿no es mejor acostarnos
> y de aquesos cuidados apartarnos?
> Que yo, más al descanso me abalanzo.

Arias
> ¿Y el murmurar, amigo? ¿Hay más descanso?
> Por lo menos a mí, me hace provecho,
> porque las pudriciones, que en el pecho
> guardo como veneno,
> salen cuando murmuro, y quedo bueno.

Muñiz
> Decís bien. ¿Quién sería

125

el que al pobre de Deza engañaría
con aquesta comedia
tan largo y tan sin traza?

Arias   ¿Aqueso, don Andrés, os embaraza?
Diósela un estudiante
que en las comedias es tan principiante,
y en la poesía tan mozo,
que le apuntan los versos como el bozo.

Muñiz   Pues yo quisiera, amigo, ser barbero
y raparle los versos por entero,
que versos tan barbados
es cierto que estuvieran bien, rapados.
¿No era mujer, amigo, en mi conciencia,
si quería hacer festejo a su excelencia,
escoger, sin congojas,
una de Calderón, Moreto o Rojas,
que en oyendo su nombre
no se topa, a fe mía,
silbo que diga: «Aquesta boca es mía»?

Arias   ¿No veis que por ser nueva
la echaron?

Muñiz   ¡Gentil prueba
de su bondad!

Arias   Aquésa es mi mohina;
¿no era mejor hacer a Celestina,
en que vos estuvisteis tan gracioso,
que aun estoy temeroso
—y es justo que me asombre—
de que sois hechicera en traje de hombre?

Muñiz   Amigo, mejor era Celestina
en cuanto a ser comedia ultramarina;
que siempre las de España son mejores,
y para digerirles los humores,
son ligeras; que nunca son pesadas
las cosas que por agua están pasadas.
Pero la Celestina que esta risa
os causó era mestiza
y acabada a retazos,
y si le faltó traza, tuvo trazos,
y con diverso genio
se formó de un trapiche y de un ingenio.
Y en fin, en su poesía,
por lo bueno, lo mal se suplía;
pero aquí, ¡vive Cristo, que no puedo
sufrir los disparates de Acevedo!

Arias   ¿Pues él es el autor?

Muñiz   Así se ha dicho,
que de su mal capricho
la comedia y sainetes han salido;
aunque es verdad que yo no puedo creello.

Arias   ¡Tal le dé Dios la vida, como es ello!

Muñiz   Ahora bien, ¿qué remedio dar podremos
para que esta comedia no acabemos?

Arias   Mirad, ya yo he pensado
uno, que pienso que será acertado.

Muñiz   ¿Cuál es?

Arias	Que nos finjamos

Arias   Que nos finjamos
mosqueteros, y a silbos destruyamos
esta comedia, o esta patarata,
que con esto la fiesta se remata;
y como ellos están tan descuidados,
en oyendo los silbos, alterados
saldrán, y muy severos
les diremos que son los mosqueteros.

Muñiz   ¡Brava traza, por Dios! Pero me ataja
que yo no sé silbar.

Arias   ¡Gentil alhaja!
¿Qué dificultad tiene?

Muñiz   El punto es ése,
que yo no acierto a pronunciar la ese.

Arias   Pues mirad; yo, que así a silbar me allano,
que puedo en el Arcadia ser Silvano,
silbaré por entrambos; mas ¡atento,
que es este silbo a vuestro pedimento!

Muñiz   Bien habéis dicho. ¡Vaya!

Arias   ¡Va con brío!

(Silba Arias.)

Muñiz   Cuenta, señores, que este silbo es mío.

(Silban otros dentro.)

¡Cuerpo de Dios, que aquesto está muy frío!

Arias   Cuenta, señores, que este silbo es mío.

(Silba. Salen Acevedo y los compañeros.)

Acevedo   ¿Qué silbos son aquéstos tan atroces?

Muñiz   Aquesto es: «¡Cuántos silbos, cuántas voces!».

Acevedo   ¡Que se atrevan a tal los mosqueteros!

Arias   Y aun a la misma Nava de Zuheros.

Acevedo   ¡Ay, silbado de mí! ¡Ay desdichado!
                        ¡Que la comedia que hice me han silbado!
                        ¿Al primer tapón silbos? Muerto quedo.

Arias   No os muráis, Acevedo.

Acevedo   ¡Allá a ahorcarme me meto!

Muñiz   Mirad que es el ahorcarse mucho aprieto.

Acevedo   Un cordel aparejo.

Arias   No os vais, que aquí os daremos cordelejo.

Acevedo   ¡Dádmelo acá! Veréis cómo me ensogo,
                        que con eso saldré de tanto ahogo.

(Cantan sus coplas cada uno.)

Muñiz   Silbadito del alma,

no te me ahorques;
que los silbos se hicieron
para los hombres.

Acevedo   Silbadores del diablo,
morir dispongo;
que los silbos se hicieron
para los toros.

Compañero   Pues que ahorcarte quieres,
toma la soga,
que aqueste cordelejo
no es otra cosa.

Acevedo   No me silbéis, demonios,
que mi cabeza
no recibe los silbos
aunque está hueca.

Arias   ¡Vaya de silbos, vaya!
Silbad, amigos;
que en lo hueco resuenan
muy bien los silbos.

(Silban todos.)

Acevedo   Gachupines parecen
recién venidos,
porque todo el teatro
se hunde a silbos.

Muñiz   ¡Vaya de silbos, vaya!
Silbad, amigos,
que en lo hueco resuenan

muy bien los silbos.

Compañero   Y los malos poetas
tengan sabido,
que si vítores quieren,
éste es el vítor.

(Todos cantan.)

Todos   ¡Vaya de silbos, vaya!
Silbad, amigos,
que en lo hueco resuenan
muy bien los silbos.

Acevedo   ¡Baste ya, por Dios, baste;
no me den soga;
que yo les doy palabra
de no hacer otra!

Muñiz   No es aqueso bastante,
que es el delito
muy criminal, y pide
mayor castigo.

(Todos cantan.)   ¡Vaya de silbos, vaya!
Silbad, amigos,
que en lo hueco resuenan
muy bien los silbos.

(Silban.)

Acevedo   Pues si aquesto no basta,
¿qué me disponen?
Que como no sean silbos,
denme garrote.

131

Arias	Pues de pena te sirva,
	pues lo has pedido,
	el que otra vez traslades
	lo que has escrito.
Acevedo	Eso no, que es aquése
	tan gran castigo,
	que más quiero atronado
	morir a silbos.
Muñiz	Pues lo ha pedido, ¡vaya;
	silbad, amigos;
	que en lo hueco resuenan
	muy bien los silbos!

(Vanse todos.)

Fin del segundo sainete

JORNADA TERCERA

(Salen Celia y doña Leonor.)

Leonor   Celia, yo me he de matar
si tú salir no me dejas
de esta casa, o de este encanto.

Celia   Repórtate, Leonor bella,
y mira por tu opinión.

Leonor   ¿Qué opinión quieres que tenga,
Celia, quien de oír acaba
unas tan infaustas nuevas,
como que quiere mi padre,
porque con engaño piensa
que don Pedro me sacó,
que yo ¡ay Dios! su esposa sea?
Y esto cae sobre haber
antes díchome tú mesma
que Carlos —¡ah falso amante!—
a doña Ana galantea,
y que con ella pretende
casarse, que es quien pudiera,
como mi esposo, librarme
del rigor de esta violencia.
Conque estando en este estado
no les quedan a mis penas
ni asilo que las socorra,
ni amparo que las defienda.

Celia (Aparte.)   (Verdad es que se lo dije,
y a don Carlos con la mesma
tramoya tengo confuso,

porque mi ama me ordena
que yo despeche a Leonor
para que a su hermano quiera
y ella se quede con Carlos;
y yo viéndola resuelta,
por la manda del vestido
ando haciendo estas quimeras.)
Pues, señora, si conoces
que ingrato Carlos te deja,
y mi señor te idolatra,
y que tu padre desea
hacerte su esposa, y que
está el caso de manera
que, si dejas de casarte,
pierdes honra y conveniencia,
¿no es mejor pensarlo bien
y resolverte discreta
a lograr aquesta boda,
que es lástima que se pierda?
Y hallarás, si lo ejecutas,
más de tres mil congrüencias,
pues sueldas con esto solo
de tu crédito la quiebra,
obedeces a tu padre,
das gusto a tu parentela,
premias a quien te idolatra,
y de don Carlos te vengas.

Leonor   ¿Qué dices, Celia? Primero
que yo de don Pedro sea,
verás de su eterno alcázar
fugitivas las estrellas;
primero romperá el mar
la no violada obediencia

que a sus desbocadas olas
impone freno de arena;
primero aquese fogoso
corazón de las esferas
perturbará el orden con que
el cuerpo del orbe alienta;
primero, trocado el orden
que guarda Naturaleza,
congelará el fuego copos,
brotará el hielo centellas;
primero que yo de Carlos,
aunque ingrato me desprecia,
deje de ser, de mi vida
seré verdugo yo mesma;
primero que yo de amarle
deje...

Celia

Los primeros deja
y vamos a lo segundo;
que pues estás tan resuelta,
no te quiero aconsejar
sino saber lo que intentas.

Leonor

Intento, amiga, que tú,
pues te he fiado mis penas,
me des lugar para irme
de aquí, porque cuando vuelva
mi padre, aquí no me halle
y me haga casar por fuerza;
que yo me iré desde aquí
a buscar en una celda
un rincón que me sepulte,
donde llorar mis tragedias
y donde sentir mis males

lo que de vida me resta,
que quizás allí escondida
no sabrá de mí, mi estrella.

Celia

Sí, pero sabrá de mí
la mía, y por darte puerta,
vendrá a estrellarse conmigo
mi señor cuando lo sepa,
y seré yo la estrellada,
por no ser tú la estrellera.

Leonor

Amiga, haz esto por mí,
y seré tu esclava eterna,
por ser la primera cosa
que te pido.

Celia

Aunque lo sea;
que a la primera que haga
pagaré con las setenas.

Leonor

¡Pues, vive el cielo, enemiga,
que si salir no me dejas
he de matarme y matarte!

Celia (Aparte.)

(¡Chispas, y qué rayos echa!
¿Mas qué fuera, Jesús mío,
que aquí conmigo embistiera?
¿Qué haré? Pues si no la dejo
ir, y a ser señora llega
de casa, ¿quién duda que
le tengo de pagar ésta?,
y si la dejo salir,
con mi amor habrá la mesma
dificultad. Ahora bien,

mejor es entretenerla,
y avisar a mi señor
de lo que su dama intenta;
que sabiéndolo, es preciso
que salta él a detenerla,
y yo quedo bien con ambos,
pues con esta estratagema
ella no queda ofendida
y él obligado me queda.)
Señora, si has dado en eso,
y en hacerlo tan resuelta
estás, ve a ponerte el manto,
que yo guardaré la puerta.

Leonor   La vida, Celia, me has dado.

Celia   Soy de corazón muy tierna,
                          y no puedo ver llorar
                          sin hacerme una manteca.

Leonor   A ponerme el manto voy.

Celia   Anda, pues, y ven apriesa,
                          que te espero.

(Vase doña Leonor.)

                             No haré tal,
                    sino cerraré la puerta,
                    e iré a avisar a Marsilio
                    que se le va Melisendra.

(Vase Celia y sale don Juan.)

Juan   Con la llave del jardín,
que dejó en mi poder Celia
para ir a lograr mis dichas,
quiero averiguar mis penas.
¡Qué mal dije averiguar,
pues a la que es evidencia
no se puede llamar duda!
Pluguiera a Dios estuvieran
mis celos y mis agravios
en estado de sospechas.
Mas ¿cómo me atrevo, cuando
es contra mi honor mi ofensa,
sin ser cierta mi venganza
a hacer mi deshonra cierta?
Si sólo basta a ofenderme
la presunción, ¿cómo piensa
mi honor, que puede en mi agravio
la duda ser evidencia,
cuando la evidencia misma
del agravio en la nobleza,
siendo certidumbre falsa
se hace duda verdadera?
Que como al honor le agravia
solamente la sospecha,
hará cierta su deshonra
quien la verdad juzga incierta.
Pues si es así, ¿cómo yo
imagino que hay quien pueda
ofenderme, si aun en duda
no consiento que me ofendan?
Aquí oculto esperaré
a que mi contrario venga;
que ¿quién, del estado en que
está su correspondencia

duda que vendrá de noche
quien de día sale y entra?
Yo quiero entrar a esperarlo.
¡Honor, mi venganza alienta!

(Vase don Juan. Salen don Carlos y Castaño con un envoltorio.)

Carlos

  Por más que he andado la casa
no he podido dar con ella
y vengo desesperado.

Castaño

  Pues, señor, ¿de ver no echas
que están las puertas cerradas
que a esotro cuarto atraviesan,
por el temor de doña Ana
de que su hermano te vea,
o porque a Leonor no atisbes;
y para haceros por fuerza
casar, doña Ana y su hermano
nos han cerrado entre puertas?

Carlos

  Castaño, yo estoy resuelto
a que don Rodrigo sepa
que soy quien sacó a su hija
y quien ser su esposo espera;
que pues por pensar que fue
don Pedro, dársela intenta,
también me la dará a mí
cuando la verdad entienda
de que fui quien la robó.

Castaño

  Famosamente lo piensas;
pero ¿cómo has de salir
si doña Ana es centinela

139

que no se duerme en las pajas?

Carlos

    Fácil, Castaño, me fuera
el salir contra su gusto,
que no estoy yo de manera
que tengan lugar de ser
tan comedidas mis penas.
Sólo lo que me embaraza
y a mi valor desalienta,
es el irme de su casa
dejando a Leonor en ella,
donde a cualquier novedad
puede importar mi presencia;
y así, he pensado que tú
salgas —pues aunque te vean,
hará ninguno el reparo
en ti que en mí hacer pudieran—,
y este papel que ya escrito
traigo, con que le doy cuenta
a don Rodrigo de todo,
le lleves.

Castaño

    ¡Ay, Santa Tecla!
¿Pues cómo quieres que vaya,
y ves aquí que me pesca
en la calle la justicia
por cómplice en la tormenta
de la herida de don Diego,
y aunque tú el agresor seas,
porque te ayudé al rüido
pago in solidum la ofensa?

Carlos

    Éste es mi gusto, Castaño.

Castaño	Sí, mas no es mi conveniencia.
Carlos	¡Vive el cielo, que has de ir!
Castaño	Señor, ¿y es muy buena cuenta, por cumplir el juramento de que él viva, que yo muera?
Carlos	¿Agora burlas, Castaño?
Castaño	Antes, agora son veras.
Carlos	¿Qué es esto, infame, tú tratas de apurarme la paciencia? ¡Vive Dios, que has de ir o aquí te he de matar!
Castaño	Señor, suelta; que eso es muy ejecutivo, y en esotro hay contingencia; dame el papel, que yo iré.
Carlos	Tómalo y mira que vuelvas aprisa, por el cuidado en que estoy.
Castaño	Dame licencia, señor, de contarte un cuento que viene aquí como piedra en el ojo de un vicario —que deben de ser canteras—: Salió un hombre a torear, y a otro un caballo pidió, el cual, aunque lo sintió,

no se lo pudo negar.
   Salió, y el dueño al mirallo,
no pudiéndolo sufrir,
le envió un recado a decir
que le cuidase el caballo,
   porque valía un tesoro,
y el otro muy sosegado
respondió: «Aquese recado
no viene a mí, sino al toro».
   Tú eres así agora que
me remites a un paseo
donde, aunque yo lo deseo,
no sé yo si volveré.
   Y lo que me causa risa,
aun estando tan penoso,
es que, siendo tan dudoso,
me mandes que venga aprisa.
   Y así, yo agora te digo
como el otro toreador,
que ese recado, señor,
lo envías a don Rodrigo.

(Sale Celia.)

Celia   Señor don Carlos, mi ama
os suplica vais a verla
al jardín luego al instante,
que tiene cierta materia
que tratar con vos, que importa.

Carlos   Decid que ya a obedecerla
voy.

(Habla don Carlos a Castaño.)

142

[marginal handwritten notes:] referring to himself as the mistreated horse. b-links to Troy in later speech — comedy

Haz tú lo que he mandado.

(Vanse don Carlos y Celia.)

Scene 4

Castaño

Yo bien no hacerlo quisiera,
si me valiera contigo
el hacer yo la deshecha.
¡Válgame Dios! ¿Con qué traza
yo a don Rodrigo le diera
aqueste papel, sin que él
ni alguno me conociera?
¡Quién fuera aquí Garatuza,
de quien en las Indias cuentan
que hacía muchos prodigios!
Que yo, como nací en ellas,
le he sido siempre devoto
como a santo de mi tierra.
¡Oh tú, cualquiera que has sido,
oh tú, cualquiera que seas,
bien esgrimas abanico,
o bien arrastres contera,
inspírame alguna traza
que de Calderón parezca,
con que salir de este empeño!
Pero tate, en mi conciencia,
que ya he topado el enredo;
Leonor me dio unas polleras
y unas joyas que trajese,
cuando quiso ser Elena
de este Paris boquirrubio,
las tengo aquí bien cerca,
que me han servido de cama;
pues si yo me visto de ellas,

[Handwritten annotations — left margin:]
...e the cross-dressed
...mic figure over turns
...conflictual hierachy
...thin this noble house-
...ld by standing it on its
...ad.
...thes denote:
gender (sex)
class } in society
ethnicity
we rethink traditional
...dings of the comedia
...a conformist genre
...discover that represe-
...ations of gender
...entity in New Spain
...e more fluid than
...viously thought.
...ows a more open
...ciety than we had
...ought.
...: by becoming involved
DC's behalf, he enters
...house and transforms
...s drag entry redirects
...antagonists desire
...allow DC + DL to marry
...ow a man drives the plot but
...ly when he is dressed as a woman
...esses up as a woman to make things
...sier for himself bcos he's entering
...female space

[Handwritten annotations — right margin:]
- has to give Rodrigo the letter w/out being recognised

→ famous trickster in NS

→ clear reference to the the man who influences her own writing, like a homage

notion that helen was kid-napped → deceit

→ DL is helen, DC is paris person
so ∴ he is the trojan horse

↳ idea comes to him

143

Handwritten annotations:

- cross dressing is common in theatre at this point
- ~~the~~ point was to outsmart someone
- using being a woman to outsmart OP like and outsmarts ppl

- getting dressed speech
- reference to helen of troy → the face that sank a thousand ships

- enjoying himself

mercury-based skin product to lighten skin \makeup

- flips the convention to a man dressed as a woman
———— Kate Merrim ————
- immitation of the play's heroine extends to and subverts literary binaries and undermines traditional hierarchies of a patriarchal society
- native, non white, cross-dressed as a female

- identifying w/ the feminine
- shows how this identity goes w/ his true colours
- shows his internal transformation to a woman

Printed text:

¿habrá en Toledo tapada
que a mi garbo se parezca?
Pues ahora bien, yo las saco;
vayan estos trapos fuera.

(Quítase capa, espada y sombrero.)

Lo primero, aprisionar
me conviene la melena,
porque quitará mil vidas
si le doy tantica suelta.
Con este paño pretendo
abrigarme la mollera;
si como quiero lo pongo,
será gloria ver mi pena.
Agora entran las basquiñas.
¡Jesús, y qué rica tela!
No hay duda que me esté bien,
porque como soy morena
me está del cielo lo azul.
¿Y esto qué es? Joyas son éstas;
no me las quiero poner,
que agora voy de revuelta.
Un serenero he topado
en aquesta faltriquera;
también me lo he de plantar.
¿Cabráme esta pechuguera?
El solimán me hace falta;
pluguiese a Dios y le hubiera,
que una manica de gato
sin duda me la pusiera;
pero no, que es un ingrato,
y luego en cara me diera.
La color no me hace al caso,

144

que en este empeño, de fuerza
me han de salir mil colores,
por ser dama de vergüenza.
¿Qué les parece, señoras,
este encaje de ballena?
Ni puesta con sacristanes
pudiera estar más bien puesta.
Es cierto que estoy hermosa.
¡Dios me guarde, que estoy bella!
Cualquier cosa me está bien
porque el molde es rara pieza.
Quiero acabar de aliñarme,
que aún no estoy dama perfecta.
Los guantes; aquesto sí,
porque las manos no vean,
que han de ser la de Jacob
con que a Esaú me parezca.
El manto lo vale todo,
échomelo en la cabeza.
¡Válgame Dios!, cuánto encubre
esta telilla de seda,
que ni hay foso que así guarde,
ni muro que así defienda,
ni ladrón que tanto encubra,
ni paje que tanto mienta,
ni gitano que así engañe,
ni logrero que así venda.
Un trasunto el abanillo
es de mi garbo y belleza
pero si me da tanto aire,
¿qué mucho a mí se parezca?
Dama habrá en el auditorio
que diga a su compañera:
«Mariquita, aqueste bobo

145

Handwritten annotations:

- delineates
- breaks fourth wall
- separates nobility
- he plays parodies + those he entertains
- 'apologia' in fancy terms
- addresses audience directly + compels them to laugh at a brutal caricature of themselves
- obsession for playing the roles men force upon them → Weimar
- resonate w/ audience
- despite the use of the salimar, he's still covering face
- hiding skin colour → defence + deception

- not appearing what he is to the trickster
- reference to helen of troy
- self congratulatory
  > reference to feminine again
- bible reference - trickster story → cross dressing reference
- rhythmic
- comparing cloak to gypsy → racialised, comparison → + stereotypical → trickster → he rivals that skill → not racist - positive
- → fool
- subversion in norm of baroque comedy

By dressing as Leonor, castaño adheres to + subverts the baroque union of opposites according to Horseweu → man becoming woman instead of w → m

al Tapado representa.»
Pues atención, mis señoras,
que es paso de la comedia;
no piensen que son embustes
fraguados acá en mi idea,
que yo no quiero engañarlas,
ni menos a vueselencia.
Ya estoy armado, y ¿quién duda
que en el punto que me vean
me sigan cuatro mil lindos
de aquestos que galantean
a salga lo que saliere,
y que a bulto se amartelan,
no de la belleza que es,
sino de la que ellos piensan?
Vaya, pues, de damería.
Menudo el paso, derecha
la estatura, airoso el brío;
inclinada la cabeza,
un sí es no es, al un lado;
la mano en el manto envuelta;
con el un ojo recluso
y con el otro de fuera;
y vamos ya, que encerrada
se malogra mi belleza.
Temor llevo de que alguno
me enamore.

(Va a salir y encuentra a don Pedro.)

Pedro   Leonor bella,
                 ¿vos con manto y a estas horas?

(Aparte.)   (¡Oh qué bien me dijo Celia
                 de que irse a un convento quiere!)

146

¿Adónde vais con tal priesa?

Castaño (Aparte.)　　　(¡Vive Dios!, que por Leonor
me tiene; yo la he hecho buena
si él me quiere descubrir.)

Pedro　　　　　　¿De qué estás, Leonor, suspensa?
¿Adónde vas, Leonor mía?

Castaño (Aparte.)　　　(¡Oiga lo que Leonorea!
Mas pues por Leonor me marca,
yo quiero fingir ser ella,
que quizá atiplando el habla
no me entenderá la letra.)

Pedro　　　　　　¿Por qué no me habláis, señora?
¿Aun no os merece respuesta
mi amor? ¿Por qué de mi casa
os queréis ir? ¿Es ofensa
el adoraros tan fino,
el amaros tan de veras
que, sabiendo que a otro amáis,
está mi atención tan cierta
de vuestras obligaciones,
vuestro honor y vuestras prendas,
que a casarme determino
sin que ningún riesgo tema?
Que en vuestra capacidad
bien sé que tendrá más fuerza,
para mirar por vos misma,
la obligación, que la estrella.
¿Es posible que no os mueve
mi afecto ni mi nobleza,
mi hacienda ni mi persona,

147

a verme menos severa?
¿Tan indigno soy, señora?
Y, doy caso que lo sea,
¿no me darán algún garbo
la gala de mis finezas?
¿No es mejor para marido,
si lo consideráis cuerda,
quien no galán os adora
que quien galán os desprecia?

'carlos doesn't love you'

Castaño (Aparte.)

(¡Gran cosa es el ser rogadas!
Ya no me admiro que sean
tan soberbias las mujeres,
porque no hay que ensoberbezca
cosa, como el ser rogadas.
Ahora bien, de vuelta y media
he de poner a este tonto.)
Don Pedro, negar quisiera
la causa porque me voy,
pero ya decirla es fuerza;
yo me voy porque me mata
de hambre aquí vuestra miseria;
porque vos sois un cuitado,
vuestra hermana es una suegra,
las crïadas unas tías,
los crïados unas bestias;
y yo de aquesto enfadada,
en cas de una pastelera
a merendar garapiñas
voy.

- clearly mexican and lower class due to language

- attacking women out of her own loop

- stuck up women who got lots of male attention.

- 'you are a git'

a dressed as leonor, expresses distate for DP + desire to live a free life → her views on men

- male + servant to female + central similar to marvolio in shakespeare → subverts the idea

- owns his transition into a woman → feminist → subtle

Pedro (Aparte.)

(¿Qué palabras son éstas,
y qué estilo tan ajeno
del ingenio y la belleza

148

de doña Leonor?) Señora,
mucho extraña mi fineza
oíros dar de mi familia
unas tan indignas quejas,
que si queréis deslucirme,
bien podéis de otra manera,
y no con tales palabras
que mal a vos misma os dejan.

Castaño   Digo que me matan de hambre;
¿es aquesto lengua griega?

Pedro   No es griega, señora, pero
no entiendo en vos esa lengua.

Castaño   Pues si no entendéis así,
entended de esta manera.

(Quiere irse.)

Pedro   Tened, que no habéis de iros,
ni es bien que yo lo consienta,
porque a vuestro padre he dicho
que estáis aquí; y así es fuerza
en cualquiera tiempo darle
de vuestra persona cuenta.
Que cuando vos no queráis
casaros, haciendo entrega
de vos quedaré bien puesto,
viendo que la resistencia
de casarse, de mi parte
no está, sin de la vuestra.

Castaño   Don Pedro, vos sois un necio,

Limbecilo

149

y ésta es ya mucha licencia
de querer vos impedir
a una mujer de mis prendas
que salga a matar su hambre.

Pedro (Aparte.)   (¿Posible es, cielos, que aquéstas
son palabras de Leonor?
¡Vive Dios, que pienso que ella
se finge necia por ver
si con esto me despecha
y me dejo de casar!
¡Cielos, que así me aborrezca,
y que conociendo aquesto
esté mi pasión tan ciega

que no pueda reducirse!)
Bella Leonor, ¿qué aprovecha
el fingiros necia, cuando

sé yo que sois tan discreta?
Pues antes, de enamorarme
sirve más la diligencia,
viendo el primor y cordura
de saber fingiros necia.

Castaño (Aparte.)   (¡Notable aprieto, por Dios!
Yo pienso que aquí me fuerza.
Mejor es mudar de estilo
para ver si así me deja.)
Don Pedro, yo soy mujer
que sé bien dónde me aprieta
el zapato, y pues ya he visto
que dura vuestra fineza
a pesar de mis desaires,
yo quiero dar una vuelta
y mudarme al otro lado,

150

siendo aquesta noche mesma
vuestra esposa.

Pedro   ¿Qué decís,
señora?

Castaño   Que seré vuestra
como dos y dos son cuatro.

Pedro   No lo digáis tan apriesa,
no me mate la alegría,
ya que no pudo la pena.

Castaño   Pues no, señor, no os muráis,
por amor de Dios, siquiera
hasta dejarme un muchacho
para que herede la hacienda.

Pedro   ¿Pues eso miráis, señora?
¿No sabéis que es toda vuestra?

Castaño   ¡Válgame Dios, yo me entiendo;
bueno será tener prendas!

Pedro   Ésa será dicha mía;
mas, señor, ¿habláis de veras
o me entetenéis la vida?

Castaño   ¿Pues soy yo farandulera?
Palabra os doy de casarme,
si ya no es que por vos queda.

Pedro   ¿Por mí? ¿Eso decís, señora?

Castaño   ¿Qué apostamos que si llega
                   el caso, queda por vos?

Pedro   No así agraviéis la fineza.

Castaño   Pues dadme palabra aquí,
                   de que, si os hacéis afuera,
                   no me habéis de hacer a mí
                   algún daño.

Pedro   ¿Que os lo ofrezca
                   qué importa, supuesto que
                   es imposible que pueda
                   desistirse mi cariño?
                   Mas permitid que merezca
                   de que queréis ser mi esposa,
                   vuestra hermosa mano en prendas.

Castaño (Aparte.)   (Llegó el caso de Jacob.)
                   Catadla aquí toda entera.

Pedro   ¿Pues con guante me la dais?

Castaño   Sí, porque la tengo enferma.

Pedro   ¿Pues qué tenéis en las manos?

Castaño   Hiciéronme mal en ellas
                   en una visita un día,
                   y ni han bastado recetas
                   de hieles, ni jaboncillos
                   para que a su albura vuelvan.

(Habla dentro don Juan.)

152

Juan   ¡Muere a mis manos, traidor!

Pedro   Oye, ¿qué voz es aquélla?

(Habla dentro don Carlos.)

Carlos   ¡Tú morirás a las mías,
                        pues buscan tu muerte en ellas!

Pedro   ¡Vive Dios, que es en mi casa!

Castaño   Ya suena la voz más cerca.

(Salen riñendo don Carlos y don Juan, y doña Ana deteniéndolos.) *comedic*

Ana   ¡Caballeros, detenéos!
                        (¡Mas, mi hermano! ¡Yo estoy muerta!)

Castaño   ¿Mas si por mí se acuchillan   *·lightening the scene*
                        los que mi beldad festejan?   *·vanity*
                                                           ·inverting
                                                            leonor's humble
Pedro   ¿En mi casa y a estas horas   *beauty*
                        con tan grande desvergüenza
                        acuchillarse dos hombres?
                        Mas yo vengaré esta ofensa
                        dándoles muerte, y más cuando
                        es don Carlos quien pelea

Ana (Aparte.)   (¿Quién pensara, ¡ay infelice!,   *all her hands are*
                        que aquí mi hermano estuviera?)   *beginning to come*
                                                           undone -control
Carlos (Aparte.)   (Don Pedro está aquí, y por él   *reduced w/ Castaño -*
                        a mí nada se me diera,   *new woman now*
                                                            leads the plot

153

pero se arriesga doña Ana
que es sólo por quién me pesa.)

Castaño (Aparte.)   (¡Aquí ha sido la de Orán!
Mas yo apagaré la vela;
quizá con eso tendré
lugar de tomar la puerta,
que es sólo lo que me importa.)

(Apaga Castaño la vela y riñen todos.)

Pedro   Aunque hayáis muerto la vela
por libraros de mis iras,
poco importa, que aunque sea
a oscuras, sabré mataros.

Carlos (Aparte.)   (Famosa ocasión es ésta
de que yo libre a doña Ana,
pues por ampararme atenta
está arriesgada su vida.)

(Sale doña Leonor con manto.)

Leonor   (¡Ay Dios! Aquí dejé a Celia,
y ahora sólo escucho espadas
y voy pisando tinieblas.
¿Qué será? ¡Válgame Dios!
Pero lo que fuere sea,
pues a mí sólo me importa
ver si topo con la puerta.)

(Topa a don Carlos.)

Carlos (Aparte.)   (Ésta es sin duda doña Ana.)

154

[Handwritten margin notes:]
directing action / woman

snuffs out candle

• honorable – woman's safety comes first

– lots of ppl trying to escape female space
– like as a nun she avoids men in female space

Señora, venid apriesa
y os sacaré de este riesgo.

Leonor (Aparte.)   (¿Qué es esto? Un hombre me lleva.
Mas como de aquí me saque,
con cualquiera voy contenta,
que si él me tiene por otra,
cuando en la calle me vea
podrá dejarme ir a mí,
y volver a socorrerla.)

Ana (Aparte.)   (No tengo cuidado yo
de que sepa la pendencia
mi hermano, y más cuando ha visto
que es don Carlos quien pelea,
y diré que es por Leonor.
Solamente me atormenta
el que se arriesgue don Carlos.
¡Oh, quién toparlo pudiera
para volverlo a esconder!)

Pedro   ¡Quien mi honor agravia, muera!

Castaño   ¡Que haya yo perdido el tino
y no tope con la puerta!
Mas aquí juzgo que está.
¡Jesús! ¿Qué es esto? Alacena
en que me he hecho los hocicos
y quebrado diez docenas
de vidrios y de redomas,
que envidiando mi belleza
me han pegado redomazo.

Ana   Ruido he sentido en la puerta;

sin duda alguna se va
don Juan, porque no lo vean,
y lo conozca mi hermano;
y ya dos sólo pelean.
¿Cuál de ellos será don Carlos?

(Llega doña Ana a don Juan.)

Carlos   La puerta, sin duda, es ésta.
                  Vamos, señora, de aquí.

(Vase don Carlos con doña Leonor.)

Pedro   ¡Morirás a mi violencia!

Ana (Aparte.)   (Mi hermano es aquél, y aquéste
                  sin duda es Carlos.) Apriesa,
                  señor, yo os ocultaré!

Juan   Ésta es doña Ana, e intenta
                  ocultarme de su hermano;
                  preciso es obedecerla.

(Vase doña Ana con don Juan.)

Pedro   ¿Dónde os ocultáis, traidores,
                  que mi espada no os encuentra?
                  ¡Hola, traed una luz!

(Sale Celia con luz.)

Celia   Señor, ¿qué voces son éstas?

Pedro (Aparte.)   ¿Qué ha de ser? (Pero, ¿qué miro?

156

Hallando abierta la puerta,
se fueron; mas si Leonor
—que sin duda entró por ella
aquí don Carlos— está
en casa, ¿qué me da pena?
Mas, bien será averiguar
cómo entró.) Tú, Leonor, entra
a recogerte, que voy
a que aquí tu padre venga,
porque quiero que esta noche
queden nuestras bodas hechas.

Castaño   Tener hechas las narices
es lo que agora quisiera.

(Vase Castaño y cierra don Pedro la puerta.)

locks Castaño in

—stiu thinks Castaño is Leonor

Pedro   Encerrar quiero a Leonor,
por si acaso fue cautela
haberme favorecido.
Yo la encierro por de fuera,
porque si acaso lo finge
se haga la burla ella mesma.
Yo me voy a averiguar
quién fuese el que por mis puertas
le dio entrada a mi enemigo,
y por qué era la pendencia
con Carlos y el embozado;   *D. Juan*
y pues antes que los viera
los vio mi hermana y salió
con ellos, saber es fuerza
cuando a reñir empezaron,
dónde o cómo estaba ella.

honor is implied
needs to make sure family name is retained

157

(Vase don Pedro.)

[Frente a la casa de don Pedro.]

(Salen don Rodrigo y Hernando.)

Rodrigo   Esto, Hernando, he sabido:
que don Diego está herido,
y que lo hirió quien a Leonor llevaba
cuando en la calle estaba,
porque él la conoció y quitarla quiso,
con que le fue preciso
reñir; y la pendencia ya trabada,
el que a Leonor llevaba, una estocada
le dio, de que quedó casi difunto,
y luego al mismo punto
cargado hasta su casa le llevaron,
donde luego que entraron
en sí volvió don Diego;
pero advirtiendo luego
en los que le llevaron apiadados,
conoció de don Pedro ser crïados;
porque sin duda, Hernando, fue el llevalle
por excusar el ruido de la calle.
Mira qué bien viene esto que ha pasado
con lo que esta mañana me ha afirmado
de que Leonor fue sólo a ver su hermana,
y que yo me detenga hasta mañana
para ver si Leonor casarse quiere;
de donde bien se infiere
que de no hacerlo trata,
y que con estas largas lo dilata;
mas yo vengo resuelto
—que a esto a su casa he vuelto—

fears HONOUR

a apretarle de suerte
que ha de casarse, o le he de dar la muerte.

Hernando

Harás muy bien, señor, que la dolencia
de honor se ha de curar con diligencia,
porque el que lo dilata neciamente
viene a quedarse enfermo eternamente.

(Sale don Carlos con doña Leonor, tapada.)

Carlos

No tenéis ya que temer,
doña Ana hermosa, el peligro.

Leonor (Aparte.)

(¡Cielos! ¿Que me traiga Carlos
pensando —ah fiero enemigo!—
que soy doña Ana? ¿Qué más
claros busco los indicios
de que la quiere?)

Carlos (Aparte.)

(¡En qué empeño
me he puesto, cielos divinos,
que por librar a doña Ana
dejo a Leonor al peligro!
¿Adónde podré llevarla
para que pueda mi brío
volver luego por Leonor?
Pero hacia aquí un hombre miro.)
¿Quién va?

Rodrigo

¿Es don Carlos?

Carlos
(Aparte.)

Yo soy.
(¡Válgame Dios! Don Rodrigo
es. ¿A quién podré mejor

159

encomendar el asilo
y el amparo de doña Ana?
Que con su edad y su juicio
la compondrá con su hermano
con decencia, y yo me quito
de aqueste embarazo y vuelvo
a ver si puedo atrevido
sacar mi dama.) Señor,
don Rodrigo, en un conflicto
estoy, y vos podéis solo
sacarme de él.

Rodrigo   ¿En qué os sirvo,
don Carlos?

Carlos   Aquesta dama
que traigo, señor, conmigo
es la hermana de don Pedro,
y en un lance fue preciso
el salirse de su casa,
por correr su honor peligro.
Yo, ya veis que no es decente
tenerla, y así os suplico
la tengáis en vuestra casa,
mientras yo a otro empeño asisto.

Rodrigo   Don Carlos, yo la tendré;
claro está que no es bien visto
tenerla vos, y a su hermano
hablaré si sois servido.

Carlos   Haréisme mucho favor,
y así yo me voy.

Scene 10

(Vase don Carlos.)

Leonor (Aparte.)   (¿Qué miro?
A mi padre me ha entregado!)

Rodrigo   Hernando, yo he discurrido
—pues voy a ver a don Pedro,
y Carlos hizo lo mismo
que él sacándole a su hermana,
que ya por otros indicios
sabía yo que la amaba—
valerme de este motivo
tratando de que la case,
porque ya como de hijo
debo mirar por su honor;
y él quizá más reducido,
viendo a peligro su honor,
querrá remediar el mío.

Hernando   Bien has dicho, y me parece
buen modo de constreñirlo
el no entregarle a su hermana
hasta que él haya cumplido
con lo que te prometió.

Rodrigo   Pues yo entro. Venid conmigo,
señora, y nada temáis
de riesgo, que yo me obligo
a sacaros bien de todo.

Leonor   A casa de mi enemigo,
me vuelve a meter mi padre;
y ya es preciso seguirlo,
pues descubrirme no puedo.

161

Rodrigo   Pero allí a don Pedro miro.
Vos, señora, con Hernando
os quedad en este sitio,
mientras hablo a vuestro hermano.

Leonor (Aparte.)   (¡Cielos, vuestro influjo impío
mudad, o dadme la muerte,
pues me será más benigno
un fin breve, aunque es atroz,
que un prolongado martirio!)

Rodrigo   Pues yo me quiero llegar.

(Sale don Pedro.)

Pedro (Aparte.)   (¡Que saber no haya podido
mi enojo, quién en mi casa
le dio entrada a mi enemigo,
ni haya encontrado a mi hermana!
Mas buscarla determino
hacia el jardín, que quizá,
temerosa del rüido,
se vino hacia aquesta cuadra.
Yo voy; pero don Rodrigo
está aquí. A buen tiempo viene,
pues que ya Leonor me ha dicho
que gusta de ser mi esposa.)
Seis, señor, bien venido,
que a no haber venido vos,
en aqueste instante mismo
había yo de buscaros.

Rodrigo   La diligencia os estimo;

[handwritten margin notes: "– prolonged martydom", "Ls marriage for honour", "Scene 12"]

162

sentémonos, que tenemos
mucho que hablar.

Pedro (Aparte.)   (Ya colijo
que a lo que podrá venir
resultará en gusto mío.)

Rodrigo   Bien habréis conjeturado
que lo que puede, don Pedro,
a vuestra casa traerme
es el honor, pues le tengo
fiado a vuestra palabra;
que, aunque sois tan caballero,
mientras no os casáis está
a peligro siempre expuesto;
y bien veis que no es alhaja
que puede en un noble pecho
permitir la contingencia;
porque es un cristal tan terso,
que, si no le quiebra el golpe,
le empaña sólo el aliento.
Esto habréis pensado vos,
y haréis bien en pensar esto,
pues también esto me trae.
Mas no es esto a lo que vengo
principalmente; porque
quiero con vos tan atento
proceder, que conozcáis
que teniendo de por medio
el cuidado de mi hija
y de mi honor el empeño,
con tanta cortesanía
procedo con vos, que puedo
hacer mi honor accesorio

[handwritten margin note: - highlights for nobility in NS in 1600s the importance of honour + respect - same concept now]

por poner primero el vuestro.
Ved si puedo hacer por vos
más; aunque también concedo
que ésta es conveniencia mía;
que habiendo de ser mi yerno,
el quereros ver honrado
resultará en mi provecho.
Ved vos cuán celoso soy
de mi honor, y con qué extremo
sabré celar mi opinión
cuando así la vuestra celo.
Supuesto esto, ya sabéis
vos que don Carlos de Olmedo,
demás del lustre heredado
de su noble nacimiento...

Pedro (Aparte.)   (A don Carlos me ha nombrado.
¿Dónde irá a parar aquesto,
y el no hablar en que me case?
Sin duda, sabe el suceso
de que la sacó don Carlos.
¡Hoy la vida y honra pierdo!)

[handwritten margin note: - dramatic irony]

Rodrigo   El color habéis perdido,
y no me admiro; que oyendo
cosas tocantes a honor
no fuerais noble, ni cuerdo,
ni honrado si no mostrarais
ese noble sentimiento.
Mas pues de lances de amor
tenéis en vos el ejemplo,
y que vuestra propia culpa
honesta el delito ajeno,
no tenéis de qué admiraros

[handwritten margin note: share the sin (his family + honour)]

164

de lo mismo que habéis hecho.

(Sale doña Ana al paño.) _wings_

Ana	Don Rodrigo con mi hermano está. Desde aquí pretendo escuchar a lo que vino; que como a don Carlos tengo _— actually don juan_ oculto, y lo vio mi hermano, todo lo dudo y lo temo.
Rodrigo	Digo, pues, que aunque ya vos enterado estaréis de esto, don Carlos a vuestra hermana hizo lícitos festejos; correspondióle doña Ana... No fue mucho, pues lo mesmo sucedió a Leonor con vos.
Pedro (Aparte.)	(¿Qué es esto? ¡Válgame el cielo! ¿Don Carlos quiere a mi hermana?)
Ana	¿Cómo llegar a saberlo ha podido don Rodrigo? _confused_
Rodrigo	Digo, por no deteneros con lo mismo que sabéis, que viéndose en el aprieto de haberlo ya visto vos y de estar con él riñendo, la sacó de vuestra casa.
Pedro	¿Qué es lo que decís?

Rodrigo   Lo mesmo
que vos sabéis y lo propio
que hicisteis vos. ¿Pues es bueno
que me hicierais vos a mí
la misma ofensa, y que cuerdo
venga a tratarlo, y que vos,
sin ver que permite el cielo
que veamos por nosotros
la ofensa que a otros hacemos,
os mostréis tan alterado?
Tomad, hijo, mi consejo;
que en las dolencias de honor
no todas veces son buenos,
si bastan sólo süaves,
los medicamentos recios,
que antes suelen hacer daño;
pues cuando está malo un miembro,
el experto cirujano
no luego le aplica el hierro
y corta lo dolorido,
sino que aplica primero
los remedios lenitivos;
que acudir a los cauterios,
es cuando se reconoce
que ya no hay otro remedio.
Hagamos lo mismo acá.
Don Carlos me ha hablado en ello;
doña Ana se fue con él
y yo en mi poder la tengo;
ellos lo han de hacer sin vos...
¿Pues no es mejor, si han de hacerlo,
que sea con vuestro gusto,
haciendo cuerdo y atento,
voluntario lo preciso?

166

Que es industria del ingenio
vestir la necesidad
de los visos de afecto.
Aquéste es mi parecer;
agora consultad cuerdo
a vuestro honor, y veréis
si os está bien el hacerlo.
Y en cuanto a lo que a mí toca,
sabed que vengo resuelto
a que os caséis esta noche;
pues no hay por qué deteneros,
cuando vengo de saber
que a mi sobrino don Diego
dejasteis herido anoche,
porque llegó a conoceros
y a Leonor quiso quitaros.
Ved vos cuán mal viene aquesto
con que vos no la sacasteis;
y en suma, éste es largo cuento.
Pues sólo con que os caséis,
queda todo satisfecho.

Ana   Temblando estoy qué responde
mi hermano; mas yo no encuentro
qué razón pueda mover
a fingir estos enredos
a don Rodrigo.

Pedro   Señor;
digo, cuanto a lo primero,
que el decir que no saqué
a Leonor, fue fingimiento
que me debió decoroso
mi honor y vuestro respeto;

167

y pues sólo con casarme
decís que quedo bien puesto,
a la beldad de Leonor
oculta aquel aposento
y agora en vuestra presencia
le daré de esposo y dueño
la mano; pero sabed
que me habéis de dar primero
a doña Ana, para que
siguiendo vuestro consejo,
la despose con don Carlos

(Aparte.)   al instante. (Pues con esto,
seguro de este enemigo
de todas maneras quedo.)

Rodrigo   ¡Oh qué bien que se conoce
vuestra nobleza y talento!
Voy a que entre vuestra hermana
y os doy las gracias por ello.

(Sale doña Ana.)

Ana   No hay para qué, don Rodrigo,
pues para dar las que os debo
estoy yo muy prevenida.
Y a ti, hermano, aunque merezco
tu indignación, te suplico
que examines por tu pecho
las violencias del amor,
y perdonarás con esto
mis yerros, si es que lo son,
siendo tan dorados hierros.

Pedro   Alza del suelo, doña Ana;

- carlos took her for
her safety
but still
questioned

- restricted as a single
woman

que hacerse tu casamiento
con más decencia pudiera,
y no poniendo unos medios
tan indecentes.

Rodrigo   Dejad
aquesto, que ya no es tiempo
de reprensión; enviad
un crïado de los vuestros
que a buscar vaya a don Carlos.

to guard
her honor

Ana   No hay que enviarlo, supuesto
que, como a mi esposo, oculto
dentro en mi cuarto le tengo.

implies they're
already married

Pedro   Pues sácale, luego al punto.

Ana   ¡Con qué gusto te obedezco;
que al fin mi amante porfía
ha logrado sus deseos!

- dramatic irony
- true w/out knowing it

(Vase doña Ana.)

Pedro   ¡Celia!

(Sale Celia.)

Celia   ¿Qué me mandas?

Pedro   Toma
la llave de ese aposento
y avisa a Leonor que salga.
¡Oh Amor, que al fin de mi anhelo
has dejado que se logren

169

mis amorosos intentos!

(Recibe Celia la llave y vase.)

Leonor (Aparte.)   (Pues me tienen por doña Ana,
entrarme quiero allá dentro
y librarme de mi padre,
que es el más próximo riesgo;
que después, para librarme
de la instancia de don Pedro,
no faltarán otros modos.
Mas subir a un hombre veo
la escalera. ¿Quién será?)

(Sale don Carlos.)

Carlos (Aparte.)   (A todo trance resuelto
vengo a sacar a Leonor
de este indigno cautiverio;
que supuesto que doña Ana
está ya libre de riesgo,
no hay por qué esconder la cara
mi valor; y ¡vive el cielo,
que la tengo de llevar,
o he de salir de aquí muerto!)

(Pasa don Carlos por junto a doña Leonor.)

Leonor (Aparte.)   (Carlos es, ¡válgame Dios!,
y de cólera tan ciego
va, que no reparó en mí.
Pues ¿a qué vendrá, supuesto
que me lleva a mí, pensando
que era yo doña Ana? ¡Ah cielos,

que me hayáis puesto en estado
que estos ultrajes consiento!
Mas ¿si acaso conoció
que dejaba en el empeño
a su dama, y a librarla
viene agora? Yo me acerco
para escuchar lo que dice.)

dawning on her

Carlos   Don Pedro, cuando yo entro
en casa de mi enemigo,
mal puedo usar de lo atento.
Vos me tenéis... Mas ¿qué miro?
¿Don Rodrigo, aquí?

Rodrigo   Teneos,
don Carlos, y sosegaos,
porque ya todo el empeño
está ajustado; ya viene
en vuestro gusto don Pedro,
y pues a él se lo debéis,
dadle el agradecimiento;
que yo el parabién os doy
de veros felice dueño
de la beldad que adoráis,
que gocéis siglos eternos.

Carlos (Aparte.)   (¿Qué es esto? Sin duda ya
sabe todo el suceso,
porque Castaño el papel
debió de dar ya, y sabiendo
don Rodrigo que fui yo
quien la sacó, quiere cuerdo
portarse y darme a Leonor;
y sin duda ya don Pedro

viendo tanto desengaño
se desiste del empeño.)
Señor, palabras me faltan
para poder responderos;
mas válgame lo dichoso
para disculpar lo necio,
que en tan no esperada dicha
como la que yo merezco,
si no me volviera loco
estuviera poco cuerdo.

Rodrigo   Mirad si os lo dije yo;
quiérela con grande extremo.

Leonor (Aparte.)   (¿Qué es esto, cielos, que escucho?
¿Qué parabienes son éstos
ni qué dichas de don Carlos?)

Pedro   Aunque debierais atento
haberos de mí valido,
supuesto que gusta de ella
don Rodrigo, cuyas canas
como de padre venero,
yo me tengo por dichoso
en que tan gran caballero
se sirva de honrar mi casa.

Leonor (Aparte.)   (Ya no tengo sufrimiento.)
¡No ha de casarse el traidor!

(Llega doña Leonor con manto.)

Rodrigo   Señora, a muy lindo tiempo
venís; mas ¿por qué os habéis

otra vez el manto puesto?
Aquí está ya vuestro esposo.
Don Carlos, los cumplimientos
basten ya, dadle la mano
a doña Ana.

Carlos   ¿A quién? ¿Qué es esto?

Rodrigo   a doña Ana, vuestra esposa.
¿De qué os turbáis?

Carlos   ¡Vive el cielo,
que éste es engaño y traición!
¿Yo a doña Ana?

Leonor (Aparte.)   (¡Albricias, cielos,
que ya desprecia a doña Ana!)

Pedro   Don Rodrigo, ¿qué es aquesto?
¿Vos, de parte de don Carlos,
no vinisteis al concierto
de mi hermana?

Rodrigo   Claro está;
y fue porque Carlos mesmo
me entregó a mí a vuestra hermana
que la llevaba, diciendo
que la sacaba porque
corría su vida riesgo.
¿Señora, no fue esto así?

Leonor   Sí, señor, y yo confieso
que soy esposa de Carlos,
como vos vengáis en ello.

173

Carlos	Muy mal, señora doña Ana,
	habéis hecho en exponeros
	a tan público desaire
	como por fuerza he de haceros;
	pero, pues vos me obligáis
	a que os hable poco atento,
	quien me busca exasperado
	me quiere sufrir grosero;
	si mejor a vos que a alguno
	os consta que yo no puedo
	dejar de ser de Leonor.

Rodrigo ¿De Leonor? ¿Qué? ¿Cómo es eso?
¿Qué Leonor?

Carlos De vuestra hija.

Rodrigo ¿De mi hija? ¡Bien por cierto,
cuando es de don Pedro esposa!

Carlos ¡Antes que logre el intento,
le quitaré yo la vida!

Pedro ¡Ya es mucho mi sufrimiento,
pues en mi presencia os sufro
que atrevido y desatento
a mi hermana desairéis
y pretendáis a quien quiero!

draw swords

(Empuñan las espadas; y salen doña Ana y don Juan de la mano, y por la otra puerta Celia y Castaño de dama.)

Ana A tus pies, mi esposo y yo,

| (Aparte.) | hermano... (¿Pero qué veo?
A don Juan es a quien traigo,
que en el rostro el ferreruelo
no le había conocido.) | *— wrong man* |

Pedro   Doña Ana, ¿pues cómo es esto?

Celia   Señor, aquí está Leonor. *← Castaño*

Pedro   ¡Oh hermoso, divino dueño!

Castaño (Aparte.)   (Allá veréis la belleza;
mas yo no puedo de miedo
moverme. Pero mi amo
está aquí; ya nada temo,
pues él me defenderá.)

Rodrigo   Yo dudo lo que estoy viendo.
Don Carlos, ¿pues no es doña Ana
esta dama que vos mesmo
me entregasteis y con quien
os casáis?

Carlos   Es manifiesto
engaño, que yo a Leonor
solamente es a quien quiero.

Ana (Aparte.)   (Acabe este desengaño
con mi pertinaz intento;
y pues el ser de don Juan
es ya preciso, yo esfuerzo
cuanto puedo, que lo estimo
que en efecto es ya mi dueño.)
Don Rodrigo, ¿qué decís?

— has manipulated everybody but now is checkmated
— admits defeat
— bested in the female space

175

-called Juan her husband

-gives it up to retain her honour bcos there's no alternative

¿Qué Carlos? Que no lo entiendo;
y sólo sé que don Juan,
desde Madrid, en mi pecho
tuvo el dominio absoluto
de todos mis pensamientos.

Juan   Don Pedro, yo a vuestros pies
estoy.

Pedro   Yo soy el que debo
alegrarme, pues con vos
junto la amistad al deudo;
y así, porque nuestras bodas
se hagan en un mismo tiempo,
dadle la mano a doña Ana,
que yo a Leonor se la ofrezco.

(Llégase a Castaño.)

Carlos   ¡Antes os daré mil muertes!

Castaño (Aparte.)   (Miren aquí si soy bello,
pues por mí quieren matarse.)

Pedro   Dadme, soberano objeto
de mi rendido albedrío,
la mano.

Castaño   Sí, que os la tengo
para dárosla más blanda
un año en guantes de perro.

Carlos   ¡Eso no conseguirás!

176

(Descúbrese doña Leonor.)

Leonor   Tente, Carlos, que yo quedo
de más, y seré tu esposa;
que aunque me hiciste desprecios,
soy yo de tal condición
que más te estimo por ellos.

Carlos   Mi bien, Leonor, ¿que tú eras?

Pedro   ¿Qué es esto? ¿Por dicha sueño?
¿Leonor está aquí y allí?

Castaño   No, sino que viene a cuento
lo de: «No sois vos, Leonor...».

Pedro   ¿Pues, quién eres tú, portento,
que por Leonor te he tenido?

(Descúbrese Castaño.)

Castaño   No soy sino el perro muerto
de que se hicieron los guantes.

Celia   La risa tener no puedo
del embuste de Castaño.

Pedro   ¡Mataréte, vive el cielo!

Castaño   ¿Por qué? Si cuando te di
palabra de casamiento,
que ahora estoy llano a cumplirte,
quedamos en un concierto
de que si por ti quedaba,

177

no me harías mal; y supuesto
que agora queda por ti
y que yo estoy llano a hacerlo,
no faltes tú, pues que yo
no falto a lo que prometo.

Carlos   ¿Cómo estás así, Castaño,
y en tan traje?

Castaño   Ése es el cuento.
Que por llevar el papel
que aún aquí guardado tengo,
en que a don Rodrigo dabas
cuenta de todo el enredo
y de que a Leonor llevaste,
para llevarlo sin riesgo
de encontrar a la justicia
me puse estos faldamentos;
y don Pedro enamorado
de mi talle y de mi aseo,
de mi gracia y de mi garbo,
me encerró en este aposento.

Carlos   Mirad, señor don Rodrigo,
si es verdad que soy el dueño
de la beldad de Leonor,
y si ser su esposo debo.

Rodrigo   Como se case Leonor
y quede mi honor sin riesgo,
lo demás importa nada;
y así, don Carlos, me alegro
de haber ganado tal hijo.

-unusual
-don't usually have
someone unmarried in
a comedy
- *changing ending of a
traditional goldenage
play
-main 'galan' always
gets married but
not here → left on his
own
- denying him any
chance of determin-
ing his own destiny

SJ:
punishing him
for chasing a
woman who
doesn't love
him + who's
w/ someone else

Pedro (Aparte.)

(Tan corrido, ¡vive el cielo!,
de lo que me ha sucedido
estoy, que ni a hablar acierto;
mas disimular importa,
que ya no tiene remedio
el caso.) Yo doy por bien
la burla que se me ha hecho,
porque se case mi hermana
con don Juan.

Ana ♡

La mano ofrezco
y también con ella el alma.

Juan

Y yo, señora, la acepto,
porque vivo muy seguro
de pagaros con lo mesmo.

Carlos

Tú, Leonor mía, la mano
me da.

Leonor

En mí, Carlos, no es nuevo,
porque siempre he sido tuya.

Castaño

Díme, Celia, algún requiebro,
y mira si a mano tienes
una mano.

Celia

No la tengo,
que la dejé en la cocina;
pero ¿bastaráte un dedo?

teasing him

Castaño

Daca, que es el dedo malo,
pues es él con quien encuentro.
Y aquí, altísimos señores,

-as a construct
he embodies
womanhood
-as a male construct and flaunts
how its primarily based on 'your'
outward appearance

- embodiment of
incongruity +
absurdity

179

-we see Castaño as
implausible but ironi-
cally it reflects the
main inspiration for
female art/lit/portraiture

y aquí, senado discreto,
los empeños de una casa
dan fin. Perdonad sus yerros.

Fin de la comedia

Sarao de cuatro naciones que son españoles, negros, italianos y mexicanos.

(Salen los españoles.)

Coro I
A la guerra más feliz
que el Amor ordena,
la caja resuena,
retumba el clarín,

Coro II
y el pífano suena,
que convoca a la lid;
y al hacer
la seña a acometer,

Coro III
dicen: ¡Guerra, guerra, porque ya el Amor
hoy sale al campo armado de furor,
porque espera salir vencedor!

Coro I
Su opuesta es la Obligación,
que el lauro pretende,
porque que es, entiende,
quien tiene razón,

Coro II
y así, la defiende
con destreza y corazón;
y al salir
y hacer seña de embestir,

180

Coro III	dicen: ¡Toca, toca, y sepan que voy
	a coronarme de laureles hoy,
	porque digna de ellos solamente soy.

Coro III   dicen: ¡Toca, toca, y sepan que voy
a coronarme de laureles hoy,
porque digna de ellos solamente soy.

Coro I   De María la beldad
el Amor prefiere;
y el Respeto quiere,
con más seriedad,

Coro II   que más se pondere
culto a su deidad.
Pero Amor,
como es deidad superior.

Coro III   es quien vence, que es fácil vencer
aquel que vence sólo con querer,
pues sobre razón le sobra el poder.
¡Victoria, victoria, victoria,
y lleve triunfante la palma y la gloria
el que ha sabido salir vencedor!
Y así, ¡viva, viva, via el Amor!

Coro I   Hoy la Obligación
y el Amor se ven
disputar valientes
la lid más cortés.

Coro II   Y aunque están unidos,
se llagan a ver
tal vez hermanados,
y opuestos tal vez.

Coro I   De todos los triunfos
es éste al revés;

pues aquí, el rendido
el vencedor es.

Coro II   La cuestión es: cuál
podr merecer
del excelso Cerda
los invictos pies;

Coro I   y de su divina
consorte, de quien
aromas mendiga
el florido mes,

Coro II   pues de su beldad
pueden aprender
cuando el jazmín,
púrpura el clavel;

Coro I   a quien humilladas
llegan a ceder
Venus la manzana,
Palas el laurel;

Coro II   y al tierno renuevo,
el bello José,
que siendo tan grande,
espera crecer.

-biblical references (expected)

(Salen los negros.)

Coro I   Hoy, que los rayos lucientes
de uno y otro luminar,
a corta esfera conmutan
la eclíptica celestial;

hoy que Venus con Adonis,
ésta bella, aquél galán,
a breve plantel reducen
de Chipre la amenidad;

Coro II

hoy que Júpiter y Juno,
depuesta la majestad,
a estrecha morada truecan
el alcázar de cristal;
hoy que Vertumno y Pomona
dejan ya de cultivar
los jardines que sus pies
bastan a fertilizar;

[handwritten marginalia: — mythological references — show her intelligence + how well read she is]

Coro I

hoy, en fin, que el alto Cerda
y su esposa sin igual
—pues solamente sus nombres
los pudieron explicar,
porque en tanta fabulosa
deidad de la antigüedad,
allá se expresa entre sombras
lo que entre luces acá—,

Coro II

los dos amantes esposos,
que en tálamo conyugal
hacen la igualdad unión
y la unión identidad
—tanto, que a faltar María,
célibe fuera Tomás,
y a faltar Tomás, María
igual no pudiera hallar—,

Coro I

depuesto el solio glorioso,
de su grandeza capaz,

luces que envidia una esfera,
a un estrecho albergue dan,
¡salga la voz; no el silencio
se ocupe todo el lugar;
conceda a la voz lo menos,
pues se queda con lo más.

Coro II

¡Haya un índice en el labio
de lo que en el pecho está,
que indique, con lo que explique,
lo que no puede explicar!
Y aunque la gratitud sea
imposible de mostrar,
¡haya siquiera quien diga
que le queda qué callar!

(Salen los italianos.)

Coro I

En el día gozoso y festivo
que humana se muestra la hermosa deidad
de María, y el Cerda glorioso,
que triunfe feliz, que viva inmortal;
    hoy que hermosos Cupidos sus soles,
del bello, celeste, lucido carcaj,
flechan veneraciones, y luego
las flechas que tiran, vuelven a cobrar;
    hoy, que enjambre melifluo de Amores
de su primavera festeja el rosal,
y aunque en torno susurra a sus flores,
se atreve a querer, pero no a llegar
    en el día que sus plantas bellas
dichosa esta casa merece besar,
y en las breves estampas que sella,
vincula la dicha a su posteridad;

184

en el día que el tierno renuevo
de ascendencia clara, de estirpe real,
nuevo Sol en los brazos del Alba.
de las aves deja su luz saludar;
   en el día que sus damas bellas,
cándidas nereidas del sagrado mar,
nueva Venus cada una se ostenta,
mejor Tethis se ve cada cual,
   ¡con humildes afectos rendidos,
venid amorosos a sacrificar
víctimas a su culto, en que sea
el alma la ofrenda, y el pecho el altar!

   Y pues el que merece sus aras
excede glorioso la capacidad,
¡sude el pecho en afectos sabeos,
arda el alma en aroma mental!

   Y pues falta la sangre y el fuego,
¡por uno y por otro sacrificio igual,
el deseo encendido suponga,
la víctima supla de la voluntad!

   Y a sus plantas rendidos, pidamos,
con votos postrados de nuestra humildad,
¿que se admita por feudo el deseo,
que supla las faltas de la cortedad!

(Salen los mexicanos.)

Coro II   ¡Venid, mexicanos;
alegres venid,
a ver en un Sol
mil soles lucir!
   Si América, un tiempo
bárbara y gentil,
su deidad al Sol

185

quiso atribuir,
 a un Sol animado
venid a aplaudir,
que ilumina hermoso
su ardiente cenit;
 Sol que entre arreboles
de nieve y carmín,
dos lucientes mueve
globos de zafir;
 Sol que desde el uno
al otro confín,
inunda la esfera
con rayos de Ofir;
 la excelsa María,
de quien aprendiz
el cielo es de luces,
de flores abril;
 en cuyas mejillas
se llegan a unir
cándido el clavel,
rojo el carmesí.
 Y a su invicto esposo,
que supo feliz
tanto merecer
como conseguir.
 Y al clavel nevado,
purpúreo jazmín,
fruto de una y otra
generosa vid;
 José, que su patria
llegó a producir
en él más tesoros
que en su Potosí.
 ¡A estas tres deidades,

alegres rendid
de América ufana
la altiva cerviz!

(Júntanse las naciones, y tañen la «Reina» y cantan.)

Coro III   Al invencible Cerda esclarecido,
a cuyo sacro culto reverente
rinde Amor las saetas de su aljaba,
el rayo Jove, y Marte los laureles;
   a la Venus, a quien el mar erige
en templos de cristal tronos de nieve,
vagos altares le dedica el aire
y aras le da la tierra consistentes;
   a la deidad divina Mantüana,
de cuyo templo por despojo penden
de Venus las manzanas y las conchas,
de Dïana los arcos y las pieles;
   y al José generoso, que de troncos
reales, siempre ramo floreciente,
es engarce glorioso que vincula
los triunfos de Laguna y de Paredes,
   ¡Venida a dedicar, en sacrificios
de encendidos afectos obedientes,
la víctima debida a sus altares,
la ofrenda que a su culto se le debe!
   Y en la aceptación suplan sus aras,
donde la ejecución llegar no puede,
las mentales ofrendas del deseo
que ofrece todo aquello que no ofrece;
   pues a lo inmaterial de las deidades,
se tiene por ofrenda más solemne
que la caliente sangre de la fiera,
la encendida intención del oferente.

Y escuchen los perdones que pedimos
—pues es su ceño más propicio siempre
a las indignidades humilladas,
que no a las confiadas altiveces—,
   porque el felice dueño de esta casa,
el favor soberano que hoy adquiere,
ien vividores mármoles le esculpa;
en estrellas, por cálculos, lo cuente!

(Tocan los instrumentos la «Jácara» y la danzan.)

Coro III   Ya que las demostraciones
de nuestro agradecimiento,
cuanto han querido ser más,
tanto se ha quedado en menos;
   ya que cuando nuestro amor,
soberano Cerda excelso,
intentó salir en voces,
se quedó sólo en los ecos;
   Ya que, divina María,
al aplaudir vuestro cielo,
porque no bastó la voz,
se atendió sólo al silencio;
   ya que, José generoso,
a vuestro oriente primero,
como al Sol, hicieron salva
las voces de nuestro afecto;
   ya que, bellísimas damas,
a vuestro decoro atento,
sólo se atrevió el Amor
con el traje del respeto;
   y ya que para estimar,
señor, favor tan inmenso,
la obligación tiene por

estrecho plazo lo eterno,
  vuestra benignidad supla
la cortedad del festejo;
pues su pequeñez disculpa
la improporción del objeto,
  y en el ser vuestro también
asegura los aciertos,
pues nunca podrá ser corto,
si se mira como vuestro.

Fin del festejo

LIBROS A LA CARTA

A la carta es un servicio especializado para
empresas,
librerías,
bibliotecas,
editoriales
y centros de enseñanza;
y permite confeccionar libros que, por su formato y concepción, sirven a los propósitos más específicos de estas instituciones.

Las empresas nos encargan ediciones personalizadas para marketing editorial o para regalos institucionales. Y los interesados solicitan, a título personal, ediciones antiguas, o no disponibles en el mercado; y las acompañan con notas y comentarios críticos.

Las ediciones tienen como apoyo un libro de estilo con todo tipo de referencias sobre los criterios de tratamiento tipográfico aplicados a nuestros libros que puede ser consultado en www.linkgua-digital.com.

Linkgua edita por encargo diferentes versiones de una misma obra con distintos tratamientos ortotipográficos (actualizaciones de carácter divulgativo de un clásico, o versiones estrictamente fieles a la edición original de referencia).

Este servicio de ediciones a la carta le permitirá, si usted se dedica a la enseñanza, tener una forma de hacer pública su interpretación de un texto y, sobre una versión digitalizada «base», usted podrá introducir interpretaciones del texto fuente. Es un tópico que los profesores denuncien en clase los desmanes de una edición, o vayan comentando errores de interpretación de un texto y esta es una solución útil a esa necesidad del mundo académico.

Asimismo publicamos de manera sistemática, en un mismo catálogo, tesis doctorales y actas de congresos académicos, que son distribuidas a través de nuestra Web.

El servicio de «libros a la carta» funciona de dos formas.

1. Tenemos un fondo de libros digitalizados que usted puede personalizar en tiradas de al menos cinco ejemplares. Estas personalizaciones pueden ser de todo tipo: añadir notas de clase para uso de un grupo de estudiantes, introducir logos corporativos para uso con fines de marketing empresarial, etc. etc.

2. Buscamos libros descatalogados de otras editoriales y los reeditamos en tiradas cortas a petición de un cliente.

Printed in Great Britain
by Amazon